왜, 네트워크 비즈니스에서 성공한 부자가 많이 나올까?

다니엘 박 지음

왜, 네트워크 비즈니스에서 성공한 부자가 많이 나올까?

초판 인쇄 2013년 11월 04일
초판 발행 2013년 11월 08일

지은이 다니엘 박
펴낸이 이태규
북디자인 박채아 · **영업마케팅** 김유림 · **전자책** 김진도

발행처 아이프렌드
주소 대전시 서구 탄방동 787번지 이노빌딩 401호
전화 042-485-7844   **팩스** 042-367-7844
주문전화 070-7844-4735~7
홈페이지 www.ifriendbook.co.kr
출판등록번호 제 305 호

ⓒ다니엘 박(저작권자와 맺은 특약에 따라 검인을 생략합니다.)
ISBN 978-89-6204-179-8 (13300)

이 책은 저작권법에 따라 보호받는 저작물이므로 무단 전재와 무단 복제를 금지하며,
이 책 내용의 전부 또는 일부를 이용하려면 반드시 저작권자와 아이프렌드의
서면동의를 받아야 합니다.

• 값은 뒤표지에 있습니다.
• 잘못된 책은 구입처에서 바꾸어 드립니다.

네트워크 비즈니스에서 성공한 부자가 많이 나올까?

- 성공하는 네트워크 비즈니스를 위한 잠언 -

왜, 사업을 시도조차 하지 않는가?
왜, 사업이 꼬이는가?
왜, 사업에 성공하는가?

아이프렌드

들어가는 말

    5%의 성공률밖에 안 되는 자영업을 하다가 실패를 하면, 자신의 경영능력이나 자금력이 부족해서 그러려니 한다. "남의 주머니에서 돈을 꺼낸다는 것이 그리 쉬운 일이 아니지" 하면서 자신을 탓하거나 경쟁사회에서 어쩔 수 없었다는 듯, 손을 툭툭 털고 돌아서버린다. 그러나 네트워크 비즈니스 사업을 하다가 중단하거나, 주위사람들 중에 사업을 하다가 말았다는 말만 들어도 이 사업에 대해서 심히 흥분한다. 삼촌이 치킨 집을 경영하다가 하루아침에 수천만 원 날렸다고 하면, 안 됐다는 위로의 말이라도 던지지만 네트워크 비즈니스를 하다가 주방세제 2박스가 집에 쌓여 있어서 공짜로 나눠준다면, 갖은 욕설로 이 사업에 대놓고 삿대질을 해댄다. 그리고는 마치 이 사업에 종사하는 사람들을 외계인 취급하듯 한다.

    어찌 된 일일까?
    그렇게까지 심하게 할 필요는 없는데, 마치 애정이 증오로 돌변하듯 반응한다. 이런 점이 바로 네트워크 비즈니스 사업의 아이러니다. 사랑과 증오가 동전의 양면처럼 가까이 붙어있어서 언제든지 사랑이 돌변해서 증오가 되는 것처럼, 네트워크 비즈니스 사업엔 뭔가 이상야릇한 매직이 있다.

    네트워크 비즈니스 사업에 큰 기대를 걸었지만 기대에 못 미치고 실망한 사람들이 있기도 하지만 적지 않은 성공자들도 존재한다. 또한 '네트워크 비즈니스 마니아'가 있는가 하면 '네트워크 비즈니스 킬러'도 있다. 이런 아이러니를 스캔들, 딜레마, 패러독스의 3가지 측면에서 바라보았다. 반대와 문제봉착 그리고 성공이 함께 혼재하는 네트워크 비즈니스의 판도라 박스를 열어보았다. 네트워크 비즈니스 세계에는 3종류의 사람들이 있다. 네트워크 비즈니스에 담을 쌓는 사람, 네트워크 비즈니스가 부진한 사람, 네트워크 비즈니스로 성공한 사람이다. 성공하는 데는 분명한 이유가 있다.

국내에 진출한지도 이십년의 세월을 훌쩍 뛰어넘은 네트워크 비즈니스도 이제 풋풋한 십대티를 벗고 건장한 청년의 모습을 띄기 시작했다. 그런 와중에 성공 스토리와 실패의 푸념들이 제법 생겨났다. 이제 중년신사만큼 성숙해진 네트워크 비즈니스 사업에 대해서 포장된 미사여구보다는 그늘에 묻힌 진솔한 이야기들을 드러낼 때가 된 것 같다. 막연한 허상을 버리고 진실을 아는 만큼 사업에 대한 분명한 방향설정이 가능할 것이다. 미국에는 실패박물관이 있다. 이곳에는 실패한 아이템들이 진열되어 있어 많은 사람들이 실패의 이유를 통해 교훈을 얻는다. 그래서 특히 이곳은 창업을 준비하거나 아이템 개발을 시도하는 사람들의 필수코스가 됐다. 또한 우리는 실패박물관이 아닌 현장에서 여전히 성공하는 아이템들의 성공스토리를 접하고 산다. 이 책도 실패박물관과 현장 두 장소에서 얻을 수 있는 교훈과 지혜 그리고 솔로몬의 잠언과 같은 네트워크 비즈니스 성공 안내서가 되길 소망한다.

목 차

들어가는 말

1장. 왜, 사업을 시도조차 하지 않는가? · 010
통계 스캔들 · 011

자라보고 놀란 후 솥뚜껑 보고 놀라는 사람들 · 014

불로소득 · 016

사이비 네트워크 · 019

대원군의 척화비 · 021

종교 스캔들 · 023

성공 스캔들 · 026

네트워크 해적판 · 028

2장. 왜, 사업이 꼬이는가? · 034
무대뽀 정신 · 035

꼼수의 대가 · 037

감상주의 딜레마 · 039

주먹구구식 함정 · 042

장돌뱅이 · 044

습관의 딜레마 · 046

'잠비아' 딜레마 · 048

시츄에이션 딜레마 · 050

3장. 왜, 사업에 성공하는가? · 056

상상력의 역설 · 058

대나무의 역설 · 061

시스템의 역설 · 063

레몬 패러독스 · 065

변화의 역설 · 068

아일랜드와 한국, 리더십의 패러독스 · 070

4장. 네트워크 비즈니스 성공을 말하다 · 076

'네트워크 비즈니스의 프로슈머' · 077

시간, 공간, 지식의 21세기형 프로슈머로의 초대 · 084

유비쿼터스 시대를 준비하는 네트워크 비즈니스, u-프로슈머 · 095

소프트 파워 마인드로의 전환 · 105

컨버전스 시대에 걸 맞는 친문화적 접근 · 111

네트워크 비즈니스 스토리텔링 · 117

나가는 말 · 128

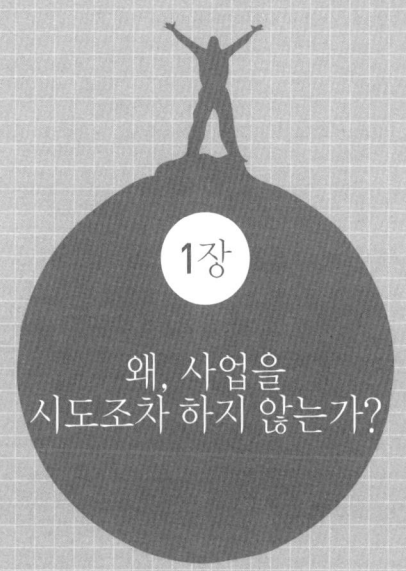

왜, 사업을 시도조차 하지 않는가?

스캔들, 네트워크 비즈니스 해보지 않고 왜 걸려 넘어지는가?
스캔들이라는 말은 '스칸달론'이라는 그리스어에서 유래했다. 원래 스칸달론이란 길을 가다가 돌 뿌리에 걸려 넘어지는 것을 뜻한다. '모 스타의 부적절한 관계'라는 대문짝만한 스포츠신문 기사에 난 스캔들과는 의미상의 차이가 있다. 다시 말해, 스캔들이란 '본래의 의도는 그렇지 않은데 왜곡되고 잘못 비춰져 사람들에게 오해를 사는 것'을 말한다.

네트워크 비즈니스 사업을 반대하는 사람들이 있다. '네트워크'라는 말은 자연스럽게 사용하면서, 네트워크 뒤에 아직도 많은 사람들이 비즈니스라는 말만 들어가면, 알레르기 반응을 보인다. '안티-피라미드'라는 사이트를 열어 각양각색의 비방과 공격으로 스트레스를 풀고 있는 것도 볼 수 있다. 네트워크 비즈니스라는 돌부리에 걸려 넘어진 사람들의 항변을 들어보자.

통계 스캔들

소풍을 나선 돼지들, "꿀꿀" 도랑을 건넌 후, 무사히 다 건너왔나 선생 돼지가 셈을 시작한다. "어라. 한 마리가 빈다." 자기는 셈하지 않고 땀을 삐질 흘리면서 당혹해 한다. 이 우화는 모두가 잘 아는 이야기다. 그런데 마치 우리나라 통계청을 빗대어 말하는 것 같다. 가끔은 엉터리 통계로 인해 궁지에 몰리게 되면 사과는 하지 않고 통계청 사이트를 닫아버리기도 한다.

이전에 한국이혼율 47%를 발표한 통계청 자료에 대해 법원이 반박하고 나섰다. "복지부 한해 결혼·이혼대비 세계최고 발표 오류" 실제 한국이혼율은 9%라는 것이다. 이유인즉, 법원행정처는 경제협력개발기구 회원국 대부분과 우리나라 통계청이 채택하고 있는 '조기이혼율' 역시 사실혼 관계가 많은 유럽과 혼인 신고율이 높은 우리나라의 이혼율을 비교하는 기준으로는 부적절하다고 지적했다. 또 총인구를 기준으로 계산하는 조기이혼율은 결혼과 무관한 아동층 인구까지 계산에 포함하므로 정확한 수치를 얻어내기 어렵다고 덧붙였다.
(한겨레신문의 기사내용 중에서)

쉽게 말해서, 결혼도 하지 않은 아이들까지 씨잡아서 머리수로 나눴다는 이야기다. 천하에 무식한 셈 방식이다. 고등수학까지

가르치는 나라에서, 통계청이라는 곳에선 모든 통계문제를 모두 다 머리수로 나눠 백분율로 몰아서 간단하게 처리해버린다. 유치원 계산법으로 통계를 낸다는 말이다. 또 하나의 통계가 발표됐다.

"다단계 판매원 연 수입 고작 56만원. 다단계 판매원이 되면 큰돈을 벌 수 있는 것처럼 알려있지만 실제로 다단계 판매원 10명 중 4명 정도만 판매수당을 받고 있다. 또한 이들의 연간 소득도 평균 56만6천원에 불과한 것으로 드러났다. 공정거래위원회가 다단계 공제조합에 등록된 1백 31개 업체 중 매출실적이 있는 1백2개 업체를 대상으로 매출액과 판매수당 지급액 등을 조사한 결과에 따르면, 총 4백45만9천8백57명의 판매원 중 1백60만8천1백78명(36.1%)만 수당을 받고 있는 것으로 나타났다. 이들이 한 해 동안 받은 판매수당은 총 9천1백3억 원으로, 1인당 판매수당 수령액은 56만6천4백 원이었다. 매출 순위 1%에 든 고소득 판매원들은 1인당 연평균 8백21만3천만~1억7천9백51만7천원의 소득을 올린 것으로 집계됐다."

(한국경제신문의 기사내용 중에서)

이 자료는 또 다시 일반소비자로 등록하거나, 회원으로 등록되어 있지만 한 번도 상품을 구입하지 않은 회원의 머릿수까지 포함해서 나눠버린 통계자료다. 회사에 취업해서 땡땡이를 치든지 열심히 일하든지 관계없이 꼬박꼬박 월급을 받는 사람들을 머리 수로 나눠 평균월급에 대한 통계를 낸다면 이해할 수 있는 계산법이 된다. 그런데 네트워크 비즈니스를 통해 수입을 올리는 사람들은 꼬박꼬박 달마다 노동수입을 받는 성격의 직업이 아니다. 소득이 있는 회원 모두가 전업도 아니다. 이런저런 상대적인 상황을 고려해서 결과 수치를 내놓아야 한다. 그나마 체면을 세운 것은 1%의 고소득자들의 연평균이 1억이 넘는다고 발표한 점이다. 연간수입 1억 이상이 되는 사람이 2만 명가량으로 추정됐는데, 네트워크 비즈니스로 고수입을 올리는 사람들 중에 1만 명 이상이 모든 분야의 고소득층 2만 명 범위 안에 든다는 결론이니까, 고소득자들 중에 대략 50%가 네트워크 비즈니스에 종사하는 사람들이 차지하고 있다는 결론이 나온다. 이렇게 통계는 상대적인 대조에서 접근해 나가야 한다.

그렇다면 과연 엉터리 통계자료가 노리는 것이 과연 무엇일까? "다단계 판매원 연 수입 고작 56만원"이라는 뉴스에 리플을 달아놓은 조각글들이 더 재미있다. "서의가 순진하고 없는 사람들인데 그런 자들을 상대로 사기 치는 다단계 사장은 그 죄를 어찌 다

씻으려는지" "가정파괴 인간관계 절단" "안하고 싶어도 무식하게 매달리는데 대책이 없다. 진드기가 따로 없다." 언제나 먹이를 노리는 하이에나 같은 매스컴이 눈감고 '아옹' 하는 이런 사람들을 부추겨서 자신들이 표적물로 정해놓은 것을 정해진 함정으로 몰아가는 순서를 밟고 있는 것이 아닌가? 통계의 돌부리에 걸려 넘어진 희생자들, 이처럼 통계 스캔들에 자빠진 사람들이 있다. 이들은 네트워크 사업의 킬러가 되어 인터넷 사이트 이곳저곳을 누비면서 보안관 노릇을 하고 다닌다. '빵 빵' 휘둘러대는 총부리가 무섭기도 하다.

자라보고 놀란 후 솥뚜껑 보고 놀라는 사람들

　네트워크 비즈니스가 1990년대 초 한국에 처음 소개됐을 때, 회사마다 새롭고 신비한 비즈니스방식에 매료된 사람들로 인산인해를 이루었다. 그러나 몇 년이 지나지 않아 '피라미드다, 다단계다' 라는 비하된 말로 손가락질을 받으면서 선망의 대상에서 경계의 대상으로 졸지에 바뀌게 됐다. 몇몇 네트워크 비즈니스회사들이 본래 의도된 대로 비즈니스를 펼쳐지지 않았고, 편법을 사용하거나 네트워크 비즈니스 모방 기업들이 불법 피라미드 마케팅 방식으로 사람들을 끌어 모아 피해사례가 속출하자 사회적 인식이 좋지 않게 작용하기 시작했다. 설상가상으로 불에 기름을 붓듯 스캔들꺼리를 찾아다니는 매스컴의 렌즈에 포착이 되어, 부정적인 인식들은 일파 만파로 전국으로 퍼져나가기도 했다. 네트워크 비즈니스 시장은 일순간에 포탄을 맞아 쑥대밭이 됐다. 이런 일은 점잖게 있다가 갑자기 기사거리에 굶주린 하이에나로 변신하는 매스컴의 공이 크게 작용했다.

네트워크 비즈니스는 길가에 돌출된 돌부리가 되어 스캔들이 됐고, 이 스캔들에 걸려 넘어진 사람들이 소문을 내기 시작했다. 이런저런 소문만 듣고 반대하는 사람이 있는가 하면, "자라보고 놀란 가슴 솥뚜껑 보고 놀란다."라는 말이 있듯이, 처음 사업을 잘못 만나서 조금하다가 포기한 사람들에게 각인된 선입관을 갖고 무작정 반대하는 사람들도 생겨났다.

그런데 문제는 합법적인 비즈니스를 펼치고 있는 회사까지 포함해서 손가락질을 받게 됐다는 점이다. 마치 택시기사 한 사람이 손님을 대상으로 강도행각을 벌여서 뉴스거리가 되면, 하루아침에 모든 택시기사들이 따가운 눈총을 받아야 하는 것처럼 말이다.

영문도 모른 채, 사실을 파악하지 않고 남들의 행동에 부화뇌동하는 군중심리가 작용하면, 그 여파가 메가톤급 폭탄이 될 수 있다. 야자열매가 강물에 떨어지는 소리에 놀란 토끼가 까닭도 모르는 채, 달아나기 시작하자 숲 속에 있던 모든 짐승들이 덩달아 한참을 뛰다가 지쳐서 한 곳에 모여서 한 숨을 돌리고는 그 영문을 묻자, 그 까닭을 아무도 몰랐다는 '숲 속의 소동' 이야기처럼, 네트워크 비즈니스 사업의 진위를 파악하지 않은 채 과민 반응을 보이고 있지는 않은지, 머쓱하게 뒤통수 긁고 "진작 알려주지"하면서 꽁지를 내리게 되는 것은 아닌지, 실소(失笑)하는 일이 없어야 한다.

불로소득

"네트워크 비즈니스 그거 불로소득 아닌가?" 사냥개에게 쫓기는 토끼처럼 눈을 동그랗게 뜨고 반대를 한다. 속된 말로, "이빨로 돈 벌어먹는 직업 아닌가?" 하는 반응이다. 그렇다면, 무형의 상품을 파는 부동산중개인이나 지식을 전하는 교사나 교수들 모두 속칭, "이빨장사가 아닌가?" 그렇다고 치면, 아뿔싸! 요기저기를 봐도 온통 불노소득자들이 득실거린다. 우습게도 '불로소득하지 마라'고 큰 소리 치는 사람이 편의점에 들어가서 로또복권을

긁고 나온다.

로버트 기요사끼는 '부자아빠 가난한 아빠'에서 사람들의 경제 활동을 4가지로 소개하고 있다. 직장인, 변호사나 의사와 같은 전문직, 회사를 설립한 사업가, 전망 있는 사업에 돈을 대는 투자가로 나눈다. 대개는 땀과 시간을 들여 노동수입을 올리는 직장생활에 대해 익숙해져 있기 때문에 다른 방법으로 경제 활동을 할 수 있다는 것에 대해 쉽게 이해를 못하는 경향이 있다.

그런데 직장인들은 좋은 직장을 얻기 위해서 학창생활로부터 입사까지 엄청난 시간과 비용을 투자하지만, 막대한 노력에 비해 수입은 형편없다. 이런 결과를 수식으로 표현하면, "Money = $\sqrt{x}$"라 할 수 있다. 예를 들어, 100이라는 노력(x)을 했지만 결과는 "" 즉 10이라는 것이다. 그런대로 수입이 많다고 생각하는 전문직에 종사하는 사람들의 수입도 수식으로 표현하면, "Money = $\sqrt{100}$"라 할 수 있는데, 그나마 노력한 만큼 수입을 챙기는 사람들이다. 일반 직장인들에 비해 몇 갑절의 수입이 있기 때문에 선망의 대상이기도 하다. 수입이 괜찮은 편이기 때문에, 전문직에 종사하는 의사나 변호사는 결혼대상자로 선호하기도 한다.

그렇지만 전문직 또한 노동수입으로 생계를 유지하기 때문에, 사고가 나거나 병이 들면 당장에 수입이 끊어지게 된다.

그렇다면 노력 이상으로 수입을 올리는 사람은 누구일까? 노력한 그 이상의 수입을 올릴 수 있다면 더 바랄 나위가 없을 것이다. 바로 100을 노력하면 10,000의 수입을 올릴 수 있는 수식 "Money = x^2"와 같은 수입의 결실이 있는 사람들을 잘 나가는 사업가라고 할 수 있다. 대기업의 CEO가 이에 해당할 것이다. 연봉 5억이 넘는 사람들이 천명 가까이 된다는 통계가 나왔는데, 극소수층의 사람들이 이에 해당된다고 볼 수 있다. 그러나 이들도 막대한 자본금과 노력으로 회사를 설립해서 성공률 1%의 바늘구멍을 통과한 사람들이다. 그런데 네트워크 비즈니스 사업은 죽을 힘을 다하는 노동력이나 막대한 투자비용 없이, 투자가가 벌 수 있는 수입공식 "Money = x^3"에 도전하는 사업이다. 네트워크 사업은 불노소득이 아니라, 지혜로운 선택이다. 미래사회의 최고의 직업으로 전망되며, 이미 적지 않은 사람들이 이 사업을 통해 성공을 거두고 있다.

("Money = x^3" 등의 공식은 민성원의 '부자들의 시스템' 참고)

사이비 네트워크

국내에 100여개 이상의 네트워크 비즈니스 회사가 있다. 그러나 일 년을 버티지 못하고 수많은 회사들이 문을 닫는다. 그중 상당수 회사가 편법을 하거나 불법을 자행하는 네트워크 비즈니스 회사다. 사이비 네트워크 비즈니스 회사인 셈이다.

네트워크 비즈니스의 구조는 프로슈머 개념으로 회사와 소비자의 직거래를 통해서 중간유통의 간격을 없애고, 소비자 그룹이나 매출의 크기에 따라서 차등하게 캐쉬백 해주는 시스템이다. 그런데 사이비 네트워크 비즈니스 회사인 피라미드 마케팅 회사는 피라미드의 최상에 위치한 극소수의 사람들만이 이익을 챙기는 구조로 되어 있기 때문에, 나중에 이 사업을 시작한 사람들은 아무리 노력을 해도 큰 소득을 올릴 수가 없다. 결국 "Money = x^3"이라는 수입구조는 이 사업의 선두주자로서 회사와 감춰진 뒷거래가 있는 극소수 사람들만의 몫이라는 말이다.

더욱 더 위험스런 일은 큰 손들의 돈이 몰려 있는 편법회사들이다. 이런 회사는 피라미드 형태를 띠고 있다. 최상의 위치에는 큰돈을 대는 사람들이 포진되어 있어서, 외적으로는 제품을 유통시키는 모양새를 갖고 있지만 내면에는 금융 피라미드 구조로 구축되어 있다. 결과적으로 뒷돈을 많이 댄 사람들이 많이 챙겨가는 구조인 셈이다. 이런 사이비 회사에서 활동하는 사람들의 집에서는 소비되지 않은 물건들이 가득 쌓여있어서 이사람 저 사람에게 물건을 공짜로 나눠줘도 손해를 보지 않는다. 참으로 기가 막힌 풍경이다.

네트워크 비즈니스의 핵심은 유통혁신에 있다. 회사가 소비자에게 직거래를 통해 중간유통 마진을 절약하고 이 절약된 비용을 소비자 그룹의 크기에 따라서 되돌려 주는 것이다. 즉 순수한 소비자 파이프라인을 잘 구축한 네트워크 비즈니스 사업가들이 합법적으로 수익을 올리는 리더십 사업인 셈이다. 그럼에도 불구하고 이를 악용하는 회사들이 있다는데 큰 문제다.

국내에서 IMF위기를 벗어나는 방법의 하나로 소비활성화를 위해길거리에서 신용카드를 남발했던 적이 있다. 이 덕분에 경영실패로 어마어마한 부채를 안고 파산위기에 몰렸던 회사들이 기사회생을 했다. 그러나 결과적으로 고스란히 기업파산을 개개인의 가정이 끌어안게 되어 가정 경제파탄의 결과를 낳게 됐다. 사이비 네트워크 비즈니스 회사의 종말도 마찬가지다. 결국 큰 손들의 뒷거래나 회사 경영진의 편법이 선량한 시민들을 울린다. 이런 일이야말로 참된 것을 왜곡하는 사이비 네트워크의 대형 스캔들이다. 일명 '공유마케팅'이라는 사이비 네트워크 사업으로 수조원의 피해를 낸 J사가 그 좋은 사례다.

대원군의 척화비

그 누구도 믿어 의심치 않던 대기업들은 줄줄이 도산하거나 외국기업에 인수되었다. '부라보 콘'으로 유명한 해태기업도 외국기업이 되었고, 현대자동차와 기아자동차, 국민은행, 온세통신 등 120여개 광고주를 보유하고 있는 국내 굴지의 광고대행사인 금강기획도 외국기업으로 변모했고, 펌프제품의 대명사인 한일전기도 신한일이라는 이름으로 외국계 기업이 되었다.

조선 고종 때 병인양요와 신미양요를 승리로 이끌고 백성들에게 서양 오랑캐에 대한 경계심을 드높이고자 전국 곳곳에 척화비를 세우고 국내로 들어오는 외세를 막기 위해 빗장을 굳게 채운 흥선 대원군의 입상에서 본다면, 이런 일은 한심스러운 일로 치부될 수도 있다. 그리고 만약 충절의 잣대로만 경제 활동을 해석해야 한다면 '세계 속의 한국'이라는 슬로건은 사치스런 문구에 지나지 않을 수도 있다. 하지만 세상은 변하고 있다. 선진국일수록 유수한 자국기업이 있음에도 불구하고 외국기업 유치에 총력을 기울이고 있고, 경제 개방으로 세계가 하나의 단일 경제권으로 묶이고 있다. 또한 한 기업의 주주가 세계 각국 사람이 되고, 본사는 미국에, 공장은 중국에, 연구소는 한국에 있는 형태의 초국적 기업이 대거 출현하고 있다.

외국기업을 국내에 유치하는 일은 일자리 창출이 되기 때문에 쌍수를 들어 환영할 일이다. 오히려 국내기업들이 인건비와 경쟁력 상실로 인해 해외에 공장 부지를 마련하는 일이 안타까울 따름이다. 그렇다고 기업경영주가 손해를 보는 일이 아니다. 국내에서 100명에 해당하는 인건비로 해외에서 1,000명을 채용할 수 있으니 말이다. 가장 큰 문제는 국내기업이 해외로 빠져나갈 때 국내에서 그만큼 일자리가 없어진다는 일이다.

장래를 내다보는 원시안이 필요하다. 수천 년을 일본을 앞서서 그들의 문화와 정신을 이끌던 한국이 조선말 길을 여는 개방보다는 담을 쌓고 문을 닫는 폐쇄를 선택했다가 세계시장에서 일본을

멀찍이에서 우러러 보는 신세가 됐다.

네트워크 비즈니스 사업은 경제 원리에서 원활한 유통문화와 건전한 소비를 통해 생산성을 높이는데 있다. 수출도 중요하지만 내수시장도 중요하다. 균형 있는 소비가 내수시장의 견인역할을 한다. 그런데 발전적인 소비문화를 이끌어내는 것이 바로 네트워크 비즈니스의 핵심원리다. 그럼에도 폐쇄적인 마인드로 네트워크 비즈니스에 대해 담을 쌓는 사람들이 아직도 있다. 마치 중국의 만리장성을 쌓는 사람들과 같다. 그러나 중국의 만리장성도 그 담을 통과하는 문이 있기 마련이다. 높고 긴 담을 쌓고 문을 낼 것이 아니라, 모든 나라에 개방을 통해 세계를 정복했던 고대 로마처럼 로마로 통하는 길을 만드는 것이 백번 낫지 않은가. 높게 쌓아올린 담벼락에 막혀 엎어질 것이 아니라 길을 만들고 문을 활짝 열어 시원한 미래를 열어보는 것이 어떻겠는가?

종교 스캔들

네트워크 비즈니스 세계에 많은 크리스천들이 있다. 줄잡아 70-80%에 해당하는 사람늘이 크리스천들이다. 사업의 원리나 가치가 기독교 정신에 부합되는 것이 많아서다. 반면에 교회지도자들 대다수는 반대를 한다. 대충 교회지도자 70-80% 정도가 반대를 한다. 참으로 아이로니컬하다. 수많은 크리스천들이 네트워크 비즈니스 사업으로 활동하고 있는데, 이 사업을 반대하는 교회지도자가 많다는 논리를 어떻게 해석해야 할까? 여기서도 이 대팔, 일종의 파레토 원리가 적용되나 보다.

반대의 이유를 보면, 영리 목적인 네트워크 비즈니스의 조직과 비영리 목적인 교회 조직이 생리적으로 유사하기 때문에 반대 입장을 표명한다. 네트워크 비즈니스의 윤리적인 측면이 옳고 그름을 떠나서, 비영리의 목적인 종교 공동체에 리더십을 발휘하는데 불리하다는 판단을 하는 것 같다. 마치 공산주의 자체가 종교인 중국에서 타종교를 반대하는 맥락과 같다는 느낌을 받는다. 정치영역과 종교영역은 엄연히 구분되면서 서로 상호보완 관계이지만, 공산주의 이념을 종교화한 중국과 같은 국가에서는 순수한 종교조차도 허용이 되지 않기 때문이다. 그래서 중국에서 공산당원이 되려면, 무조건 종교를 포기해야 한다. 공산당 자체가 종교이기 때문이다.

그런데 기독교 지도자들이 마치 경제영역을 종교영역과 혼합하여 반대를 위한 반대를 펼치는 것을 보게 된다. 네트워크 비즈니스 사업의 이념이 '안티-기독교정신'이 아닌데도 불구하고 알레르기 반응을 보이는 지도자들을 보게 된다. 네트워크 비즈니스를 하는 크리스천이라고 해서, 신앙 공동체에 위화감을 준다든지 예배를 사업으로 전락시키려는 사람은 없다. 대다수 크리스천들은 신앙의 영역과 삶의 영역에 대한 탁월한 균형감각을 갖고 있다는 성도들에 대한 신뢰감이 지도자들에게 오히려 부족한 것 같다.

또한 네트워크 비즈니스를 반대한 지도자들의 생각 중에 하나가 "거룩한 예배를 드리는 교회 공동체 조직 안에 또 다른 비즈니스 조직이 생기게 되면, 신앙보다는 돈이 우선이 되지 않겠는가?"라는 것이다. 그러면서 덧붙이기를 "거룩한 성전을 장사꾼의 소굴로 더럽혔다고 예루살렘 성전 안에 있던 장사치들을 내쫓으셨던 예수의 행적을 기억하라."면서 빗대어 반대를 한다. 단단히 스캔들에 걸려 넘어진 지도자들의 변명이다.

더러는 자신의 사업영역을 확대하기 위해서 의도적으로 신앙 공동체에 선의를 베풀거나 계획적으로 종교단체에 입문하여 세를 늘리는 사업자들도 있다. 2012년 경제적으로 어려운 개척교회를 주요대상으로 모 목사가 모 대표와 함께 금융피라미드 사업을 펼쳐 1,400억 원을 모은 사이비회사는 다단계를 예배와 접목시켜서 사회적으로 큰 물의를 일으킨 경우도 있지만, 몇몇 이런 몰상식한 사람들은 접어두고 대다수 신앙인들은 비즈니스영역과 종교영역에 대한 구분과 분별력을 갖고 있다. 네트워크 비즈니스는 일종의 경제활동의 방편일 뿐, 그 이상도 그 이하도 아니다. 보험설계사가 교회조직 안에서 자유롭게 신앙생활을 할 수 있듯이, 네트워크 비즈니스맨이 종교 활동을 할 수 있다고 믿는 일은 지극히 상식적이다. 네트워크 비즈니스 자체를 반대할 이유를 성경 안에서 찾을 수가 없다.

성공 스캔들

가난한 사람은 가난한 사람을 동정하고, 실패한 사람은 실패한 사람들만 찾아낸다. 유명회사 신발을 사는 사람을 보면, '차라리 그 돈으로 쌀 한말 살 수 있는데' 하며 불만을 표시한다. 매사에 패배의식과 가난의식을 갖고 있는 사람은 '성공한 사람들'의 이야기에 귀를 막아버린다. 오히려 그들을 향해 온갖 부정과 비판과 비난의 폭언을 쏟아내지만, 바람을 향해 침을 뱉듯이 자신의 비참한 모습만 드러낼 뿐이다.

사업에 성공한 사람들을 소개하는 일이 네트워크 비즈니스 사업설명의 레퍼토리가 되다보니 많은 사람들이 귀가 따갑게도 성공스토리를 접하게 된다. 그럼에도 불구하고 '눈을 씻고 봐도 성공한 사람을 볼 수 없다'고 야단한다. 네트워크 비즈니스 사업은 이미 튼튼한 기반 위에 사업이 확산되고 있기 때문에 관심만 있다면 쉽게 성공한 사람들을 만날 수 있다. 문제는 그들을 향해 마음의 문을 열지 않는다는데 있다. 오죽했으면 사업의 기반을 마련한 사람들의 통장을 보여주면서 사업을 소개하는 해프닝까지 벌어지었겠는가? 때로는 사행심을 불러일으키려고 통장을 수단으로 삼는 사람들도 있긴 하지만…….

네트워크 사업을 하지 않는 근본적인 이유는 그들이 말하는 '성공한 사람을 보지 못했다'는 구차한 변명에 있는 것이 아니라, 개인적인 감정의 문제에 있다. 과연 '내게도 기회가 올까? 하는 두려움'과 '모르는 분야에서 과연 잘 할 수 있을까? 하는 불안감'이다. 결단력이나 새로운 분야에 대한 도전정신이 부족한 것이다. 그럼에도 자신의 내면으로부터 발생한 문제를 뒤로 감추고, 외부에서 발생하는 문제를 핑게 삼아 삐저나갈 통로를 만들어 놓는다. 그럴수록 비참해 질뿐이다.

당당하게 신뢰를 갖고 상대의 이야기에 경청할 줄 아는 지혜가 필요하다. 성공한 사람을 끌어내려 비하시키기보다는 인정할 것은 인정하고 칭찬할 것은 칭찬하는 삶의 태도를 갖자. 성공 스캔들에서 걸려 성공한 사람에게 아무리 욕을 해봐야 '하늘을 향해 침을 뱉는 꼴' 일뿐이다.

네트워크 비즈니스를 하느냐 마느냐의 선택은 본인의 적성 문제지, 종교적 신념이나 옳고 그름을 따져야 하는 윤리적 문제가 아니다. 과연 이 세계에서 성공할 수 있을까 말까를 놓고 고민해야 할 문제일 뿐이다. 그렇다면 더더욱 이 세계에서 성공한 사람들의 방식과 태도, 노하우에 경청할 필요가 있지 않겠는가? 사촌이 땅을 사면 배가 아픈 표정을 지을 만큼 세상사가 한가롭지 않다.

네트워크 해적판

이천년 전 고대 이스라엘은 세 부류의 사람들로 나뉘어져 있었다. 지극히 현실적이면서 정치에 민감한 사두개파가 그 하나고, 종교색이 매우 짙은 바리새인파가 그 둘이었다. 마지막 세 번째는 예수를 따르는 복음적인 사람들이었다. 그런데 예수께서 가장 경계하고 탐탁하게 생각하지 않았던 바리새파 사람들에 대해선 그들을 격하시키는 발언을 서슴지 않고 내뱉었다. "안에 송장이 썩고 있지만 겉은 번질나게 페인트로 칠한 무덤과 같은 사람들" "천국열쇠를 갖고도 천국 문에 들어가지 않으면서, 다른 사람들도 천국 문에 들어가지 못하도록 가로막는 사람들"이라고 비판했다. 바람에 이는 갈대도 꺾지 않으시고, 현장에서 간음하다가 잡힌 여인도 정죄하지 않으신 분이지만, 바리새인에 대해선 빈틈이 없었다. 왜 그랬을까? 속과 겉이 다른 모습으로 살아간 그들의 삶 때문이었다. 표리부동, 겉으로는 지극히 종교적이지만 속으로는 지극히 짐승적인 모습에 대한 경계였다.

한번은 네트워크 회사에서 판매하는 질 좋고 가격도 좋은 화장품을 하나 지인에게 소개한 적이 있다. 그러자 그 친구 대뜸 한다는 말이, "나도 똑같은 제품 쓰고 있는데 더 저렴한 가격에 사용하고 있어. 인터넷을 통해 알게 된 사람인데, 그 사람에게 주문하면 통장에 제품가격의 20-30%를 척척 되돌려 주더라고."

네트워크 세계에도 표리부동한 무리들이 있다. 네트워크 회사로부터 각종 수당을 타먹기 위해서 대량의 상품을 구매한 후, 직급수당이다 보너스다 다 챙긴 후 소비하지 못하는 제품들을 인터넷 전자상거래를 통해 덤핑가격에 내다파는 파렴치한 네트워크 해적들이 있다. 이런 무리들은 네트워크 시장의 악종 바이러스다. 심지어 옥션과 같은 경매 사이트에 멀쩡한 제품을 내놓아 유통질서를 무너뜨리기까지 한다. 자신의 목표를 달성하기 위해서라면 상거래 질서쯤이야 무너뜨려도 된다는 식이다. 이런 사람은 옹달샘 물을 흐려놓는 미꾸라지일 뿐이다. 네트워크 직급달성을 축하하는 컨벤션 무대 위에 화려하게 등장해서 우아하게 손을 흔들며 성공자의 자태를 마음껏 폼 내겠지만, 성공의 가면을 쓴 늑대일 뿐이다. 개인의 지나친 목표치 달성을 위해서 사업의 근간을 흔들어놓는 네트워크 해적들은 네트워크 비즈니스 이름으로 척결해야 할 대형 스캔들이다.

만약에 네트워크 유통회사들이 이렇게 팔리든지 저렇게 팔리든지 자회사의 매출만 오르면 된다는 식으로 네트워크 해적들을 방치시킨다면 후크선장 역할을 도맡아하는 네트워크 해적판 스캔들로 파국으로 치닫게 된다는 사실을 명심해야 할 것이다.

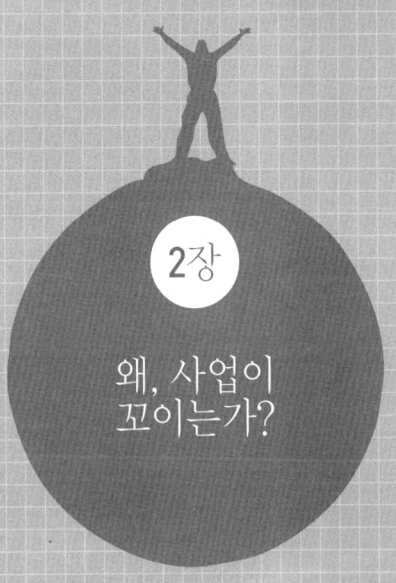

2장

왜, 사업이 꼬이는가?

왜, 사업이 꼬이는가?

**딜레마, 내가 하는 마케팅은
왜 자꾸 깊은 수렁에 빠져드는가?**

　레마(Dilemma)의 어원은 그리스어의 di(두 번)와 lemma(제안·명제)의 합성어로, 진퇴양난(進退兩難)·궁지(窮地)라는 뜻이다.

　막상 사업을 시작했지만 사업을 하면할수록 진퇴양난에 빠지는 사람들이 있다. 열심히 사업을 진행하고 있지만, 스스로 딜레마에 사업성적은 꽝이다. 왜 그럴까? 2루에 진출하기 위해선 1루에서 발을 떼야한다. 즉 1루를 버려야 한다는 말이다. 무슨 일이든지 기존의 것을 버려야 새로운 것을 받아드릴 수 있다. 특히 네트워크 사업은 새로운 패러다임이라 과감하게 많은 것을 버려야 하는 사업인데, 버릴 것을 버리지 않아서 성과가 없는 사람들이 있다. 이런 사람들이 빠지는 것이 딜레마다.

무대뽀 정신

세상에서 제일 무서운 사람이 '무식하면서 소신 있는 사람'이다. 소위 '무대뽀 정신'으로 사는 사람이다. '무대뽀'란 무철포(無鐵砲)의 일본식 발음인데, 전쟁터에 나가는 군인이 총을 놓고 가는 꼴로, 무모하고 저돌적인 행동으로 정작 중요한 것은 빠뜨리고 마구 덤벼드는 형국이다. 원래 무식함과 소신이 손을 잡으면 무서운 괴력이 발생한다. 그러나 아는 것과 믿는 것이 하나가 될 때, 성숙한 행동이 나온다. 그래서 소신과 지식이 손을 잡으면 균형 있는 사람이 된다. 반면에, 소신과 아는 것이 하나가 되지 못하면 덜된 사람이 된다. 알아야 분별이 되고, 알고 소신을 필 때 결실을 보게 된다.

중세시대에는 내과에서 제일 수준 높은 시술이 '출혈 치료'였다. 속이 아프면 피를 줄줄 흘려야 낫는다고 생각했다. 한편 그 시절엔 이발사가 내과의사 역할을 겸했는데, 이발사가 머리를 깎다가 배가 아픈 환자가 생기면 머리를 깎던 칼과 가위로 사람의 배를 째기도 하고 피를 흘리게 해서 병이 낫기를 바랐다. 요즈음 이발소를 표시하는 표시판에 흰줄과 빨긴 줄이 뱅뱅 도는 것을 볼 수 있는데, 그 유래가 이발사들이 치료하면서 출혈된 피가 묻은 붕대를 집 앞에 걸어놓게 된데서 비롯되었다고 한다.

요즈음 배 아프다고 이발소에 가서 이발사에게 머리 대신 배를 내미는 사람은 없다. 각종 세균에 감염됐을 칼과 가위로 시술하면서 피를 철철 흘리면 낫는다는 소신을 폈던 과거시절엔 의학지식이 없어서 통했는지 모른다. 무식했기에 용감했던 그 시절엔 환자나 이발사나 모두 용사였다. 괴물용사.

탁월한 경영자 예수는 자신이 펼칠 일에 대한 철저한 계획과 만반의 준비를 다한 다음에, 함께 일할 사람들을 직접 선택했다. 그리고 그들을 가르치고 또 가르쳤다. 제자들이란 배우고 또 배우는 사람들을 말한다. 밤낮없이 철저하게 3년 동안 배운 제자들의 파워는 대단했다. 그들이 처음엔 비록 무식한 어부 출신이었지만, 이천년 동안 변함없이 수십억 사람들의 가슴속에 영감을 불어넣고 있는 불멸의 베스트셀러 성경을 기록한 위대한 사람들로 바뀌어 있었다. 그들의 이런 능력이 어디서 온 걸까?

예수와 함께 했던 초반전은 무식하면서 소신만 있는 좌충우돌 난장판이었다. 때로는 어머니 치맛바람을 일으키면서, 예수의 좌우편에서 권력을 얻겠노라고 의기충천했던 그들의 모습은 마치 괴물 그 자체였다. 그랬던 그들이 백팔십도 달라졌다. 배우고 또 배웠던 덕이다. 성실한 배움은 겸손과 지혜를 동반한다. 배움과 소신이 만나면 핵폭탄과 같은 파괴력을 발휘한다. 세상의 모든 일에는 원리가 있다. 그 원리를 제대로 배우지 않게 되면, 탈선하게 된다. 선무당이 사람 잡는 꼴이 된다는 말이다. 무식과 소신이 만나서 만들어진 '무대뽀 정신'으로 딜레마에 빠질 것이 아니라, 배우고 또 배워서 지혜와 지식의 균형 있는 네트워크 비즈니스의 경영인이 되라고 권하고 싶다.

꼼수의 대가

무식 다음에 문제는 '조각 지식'의 문제다. "서울을 가보지 않은 사람이 서울 가본 사람을 이긴다."라는 말이 있다. 맹인이 코끼리 뒷다리 붙잡고는 "코끼리의 모양은 전봇대다."라고 외치는 꼴이다. 조금 알고 다 안다고 외쳐대면서 '조각 지식'으로 전후 문맥이 안 맞는 논리를 펼치면서 사업을 운운하는 사람들을 본다.

박사코스에서 가장 어려운 것은 전공에 대한 코스워크를 끝내고, 논문을 쓰는 일이다. 박사란 본디 특정 전공분야에 스스로 연구할 수 있는 능력을 지닌 사람으로 인정된다는 의미를 갖고 있다. 그러기 위해서는 스스로 연구한 주제에 대한 기승전결로 전체적인 지식을 펼쳐내는 기술이 필요하다. 거기에다 자신의 주장을 뒷받침할만한 객관적인 전문자료들과 설득력 있는 논리를 펼칠 수 있어야 한다.

그런데 너무나 많은 사람들이 종합적인 지식이 아닌, 코끼리 뒷다리 만지다가 얻은 쥐꼬리만 한 지식으로 박사행색을 한다. "척 보면 압니다."하는 코미디언의 유행어처럼, 세상만사를 감으로 때려잡는 사람들이 있다. 눈썰미가 있어서 하나를 알면, 그 다음을 쉽게 이해하는 사람도 있다. 그러나 그 또한 전체적인 윤곽을 어렴풋 아는 것뿐이다. 모든 일에 있어서 시간을 두고 꼼꼼히 공부해서 쌓아야 할 지식과 경험해야 터득할 수 있는 지식들이 산적해 있다는 것을 명심해야 한다.

모든 일엔 노하우라는 것이 있다. 그 노하우는 한 계단 한 계단 부지런히 공부하는 자들의 몫이다. 세상은 잔머리가 통하지 않는다. "스트레스를 받으면 머리카락이 빠지고, 잔머리를 굴리면 흰

머리가 된다."는 우스갯소리가 있다. 꼼수로 백발 되지 말고, 머리를 제대로 쓰자.

모든 분야는 '풀코스 지식' '토털 지식'이 필요하다. 하기야, 대학논술고사를 위해서 책 한권 제대로 읽지 않고도 학원에서 가르쳐주는 조각 지식의 꼼수로 좋은 대학에 들어가는 해괴망측한 세상이고 보니, 무슨 일인 듯 못하겠는가? 마는 그래도 세상은 심은 대로 거두는 법이다. 딜레마는 꼼수를 둬서 어긋나 생기는 산물이다. 매사에 기초부터 관련지식을 체계적으로 갖추는 자세가 필요하다. 작금의 한국경제의 10년 후퇴도 따지고 보면 준비되지 않고 완숙하지 못한 조각 지식을 소유한 리더십들의 산물이 아니겠는가?

감상주의 딜레마

여자들이 못 참는 3가지 유형의 남자가 있다. '귀 뚫은 남자는 참아도 귀 막힌 남자는 못 참는다.' '다리가 짧은 남자는 참아도 배가 나온 남자는 못 참는다.' '과거 있는 남자는 참아도 비전 없는 남자는 못 참는다.' 또 하니 최근 젊은이들 사이엔 '못 생긴 남자는 참아도 돈 없는 남자는 못 참는다.'란다. 사업세계에서도 못 참을 사람이 있다. '실천력이 없는 사람' 이다. 생각이 많거나, 말이 많은 사람보다도 실천하는 사람이 성공한다.

바보들의 3가지 특징이 있다. '바보는 항상 결심만 한다.' '바보는 항상 남의 탓만 한다.' '바보는 항상 자신의 잘못이 무엇인지 모른다.' 종합적으로 표현한다면, '바보는 항상 실천하지 않는다.' 결심만 하고 실천하지 않으며, 자신이 하지 않고 남의 탓으로 돌리고, 자신이 아무것도 하지 않아서 생긴 잘못 조차 인식하지 못한다. 네트워크 비즈니스 사업의 바보들은 결심하는데 1년, 머뭇거리는데 1년, 하다가 말아버리는데 1년 걸린다. 이렇게 한 3년 지나고 나면 결국 손들어 버리고 만다. 한심한 일이다. 성공 비결은 실천이다. 계속해서 한 걸음씩 실행에 옮기다보면 어느새 자신이 성공의 반열에 올라와 있다는 것을 발견하게 될 것이다.

두 종류의 사업가가 있다. '감상형' 사업가와 '실천형' 사업가다. 감상형은 언제나 자신의 잣대로 남을 들여다보고, 남을 의식하고, 남이 어떻게 사업을 펼쳐가는 가에 대해 예의주시한다. 그러다가 결국 겁을 먹고 사업에서 점차 손을 뗀다. 그러나 실천형은 다르다. 온갖 시행착오와 실수를 반복하지만, 실패를 통해 배우고 도전한다. 결국 자신감을 갖고 성공에 이르게 된다.

바다 한 가운데는 평온하다. 그러나 코앞에 철썩거리는 파도에 놀라서, 바다로 나가는 것을 무서워하는 사람이 있다. 사업의 깊이와 크기를 알려면, 사업 한 가운데로 나가봐야 한다. 복잡한 비행기매뉴얼과 수 만개가 넘는 비행기부속에 놀라서 비행기를 못탄다면 하늘을 나는 그 느낌을 평생을 두고 체험하지 못할 것이다. 수 만개가 넘는 비행기부속을 만든 사람도 있지 않은가? 올라타기만 하면 되는 일조차 못하는 겁쟁이들은 실천력이 없는 감상주의 딜레마에 늘 빠진다.

한국경제의 심장이 된 고속도로 건설이나 반도체 산업은 감상주의자들이 센티멘털에 빠져서 무조건 반대를 외칠 때, 묵묵하게 미래를 내다보며 한 걸음씩 착실하게 내딛은 실천의 족적 덕분에 일궈낸 결실이다. 그러므로 노아의 홍수 이전부터 존재했던 네발 달린 동물 가운데 유일하게 육중한 갑옷을 몸에 두르고도 살아남은 코뿔소처럼 우직하고 단순하게 실천하는 사람이 되라. 일찌감치 사라졌어야 할 상황에서도 빙하기를 판통하면서 우뚝 서있고, 감히 밀림의 왕 사자조차도 쉽게 건들지 못하는 코뿔소의 집중력과 저돌성을 배우자.

주먹구구식 함정

성공한 사람들의 한 손에는 잡다한 글들이 빼곡히 적혀있는 메모 수첩이 들려있다. 그들은 메모 왕이다. 고인이 된 현대그룹 회장 정주영이나 박정희 대통령, 그들은 경제인이나 정치인 이전에 진정으로 자신이 하는 일에 대해 책임성 있게 행동하는 사람들이었다. 그 비결은 언제나 창의적인 생각이나 난해한 문제들을 한 번에 풀 수 있는 역발상의 아이디어들을 메모해 두었다가, 책임성 있게 일을 마무리 할 수 있도록 했다. 서산 간척지를 일구기 위해서 낡은 유조선으로 바다를 막은 일은 공학 전문가도 해결하지 못한 일로써, 정주영 그만의 특유의 공법으로 기적을 일궈낸 사건이다. 나중에 사람들은 이름을 붙여 '정주영 공법'으로 세상에 알려 그 공을 칭송했다. 그는 대학에서 한 번도 공학을 공부한 적이 없었다. 그럼에도 전문가들이 불가능하다고 두 손을 들어버린 일을 척해낸 것이다. 또한 메모하면 박정희를 이길 사람이 어디 있을까? 새마을 운동에서 고속도로건설, 국가 5개년 계획 모두 그의 메모장에 알알이 적힌 것을 기초로 치밀하고 계획적으로 일이 이뤄져 나갔다.

언제나 문제가 실타래처럼 꼬여있는 사람에겐 주먹구구식으로 일처리 하는 습관들이 그림자처럼 따라다닌다. 왜 쉽게 딜레마에 빠질까? 대충 대충하는 습관이 문제다. 네트워크 비즈니스는 구축된 인맥을 활용하는 사업이다. 당연히 데이터베이스를 구성하고 적극적으로 활용해야 한다. 쉽게 말해서 장부정리를 잘해야 한다는 말이다. 호떡장사도 대충한다고 쉽게 돈을 버는 게 아니다. 한 때 잘나가던 사업가였던 숙명여대 앞 호떡집 주인 김철호 씨는 여느 호떡집과는 다르게 더 크고 맛있게 호떡을 만드는 것 뿐만 아니라 늘 깔끔한 정장에 넥타이를 매고 고객관리를 철저하게 했다. 사업 노하우를 호떡집에서 배운 그는 매출 2,000억 원대를 구가하며 700여개의 가맹점을 둔 '본죽' 프랜차이즈 체인 사장이 되었다.

네트워크 사업의 딜레마는 자신의 게으름에서 비롯된다. 게으른 사람은 매사에 일처리를 대충한다. 그리고 쉽게 포기한다. 대충해서 될 일이 세상에는 하나도 없으니, 중도 포기하는 것은 당연지사다. 주먹구구식으로 대충하다 보니 고객관리다 애프터서비스나 하는 발상은 상상도 못한다. 자연히 날이 갈수록 사업이 후퇴하는 것은 당연지사다. 오늘은 대충하고 내일부터 잘하면 된다는 사고방식을 갖고서는 절대로 내일을 기대할 수 없다. 대충대충 주먹구구식의 고질병은 또 하나 실패의 지름길이다.

장돌뱅이

역 근처에서 좋은 식당을 찾아보기는 힘이 든다. 왜 일까? 역은 이동인구가 많은 곳이다. 단골손님보다는 뜨내기손님이 많은 곳이다. 한번 먹고 다시 찾는 손님이 드물기 때문에 가게주인은 양질의 음식을 제공하기보다는 이윤을 많이 남기려고 든다. 또한 보따리 장사꾼에게서 좋은 물건을 기대하기란 힘이 든다. 한번 판을 깔고 봇짐을 싸서 떠나고 나면 언제 다시 돌아올지 모르는 장사꾼이기 때문에 괜찮은 거래를 기대하기란 쉽지 않다.

그러나 장사는 신용이 근본이다. 드라마 상도에서 거상 임상옥이 장사가 뭐냐고 묻는 질문에, "장사는 사람을 남기는 것"이라는 깊은 운을 남기는 말을 했다. 고 정주영씨를 모델로 하는 인기 드라마 영웅시대에서도 주인공은 신용에 목숨을 건다. 실제로 정주영씨는 약속을 자신의 목숨보다도 귀하게 여겼다. 특히 네트워크 비즈니스는 인맥으로 하는 비즈니스다. 이 사업의 가장 큰 자산은 더 말할 것 없이 사람이다. 그러나 사람의 신의를 저버리고,

신용을 뒤로 하면서 비즈니스를 펼치는 사람들을 많이 본다. 그래서 스스로 실패의 딜레마에 빠져든다. 네트워크 비즈니스를 가볍게 보는 사람은 마치 뜨내기장사를 할뿐이다. 그렇지만 진정한 큰 사업을 하려면 사업의 뿌리가 되는 신용과 정직을 앞세워야 한다.

인도의 훌륭한 지도자 간디는 이 세상에서 우리를 파괴하는 7가지가 있는데, 이것들을 조심하라고 경고했다. 일하지 않고 얻는 재산, 양심이 결여된 쾌락, 성품이 결여된 지식, 인간성이 결여된 과학, 희생 없는 종교, 원칙 없는 정치, 그리고 마지막으로 도덕이 결여된 비즈니스이다. 무언가 숨겨진 비밀이 있는 비즈니스는 결국 붕괴된다. 납을 넣은 생선, 썩은 무로 속을 만든 만두, 석회를 섞은 두부 등등 어두운 양심으로 세워진 사업은 하루아침에 무너진다.

온갖 수단과 방법을 다 동원해서 군중을 동원하여 현혹시킨 후 상품을 강매하고 하루아침에 사라지는 장사치처럼, 네트워크 인맥을 만들기 위해서 수단방법을 다 동원한다. 다른 그룹에서 활동하고 있는 사람들을 여러 가지 미사여구와 상대의 흠집 내기를 통해서 인맥을 뺏어가거나 붕괴시킨다. 이들이야말로 건수 하나를 노리고 시장에 물건을 내다파는 장돌뱅이가 아니겠는가? 그리고 다음날 이른 새벽에 서둘러 사라지는 뜨내기 장사꾼처럼 이 회사 저 회사를 메뚜기처럼 옮겨 다니면서 이윤을 챙기는 소인배일 뿐이다. 명실 공히 네트워크 사업은 정직과 신의를 앞세운 대인(大人)이라는 소리를 들어야 성공하는 사업이다.

습관의 딜레마

기원전 3,500년경에 이스라엘 200만 사람들이 이집트를 탈출하여 민족대이동을 이뤄낸 적이 있다. 보름 정도면 그들이 꿈꾸던 젖과 꿀이 흐르는 약속의 땅 가나안에 도착할 수 있었지만 실제로 그렇게 하기까지는 40년이라는 긴 세월이 걸렸다. 이집트에서 노예 생활하던 옛 습관을 버리지 못하면 새로운 정착지의 새로운 주인이 될 수 없었기에 이스라엘 민족을 이끌어내신 야웨께서는 밤엔 불기둥으로 낮엔 구름기둥으로 거친 광야생활을 통해 노예근성을 버리고 주인의식을 불어넣는 훈련을 시켰다.

한 두 해가 지나면서 불평의 소리와 원망이 섞인 아우성이 터져 나오기 시작했다. "차라리 이집트 노예로 살던 때가 그립다.

비록 몸은 고달팠지만 고기로 배를 채울 수가 있었지 않았는가." 자유인이라는 신분이 중요한 것이 아니라 노예 신분이라도 배만 채우면 되지 않겠느냐는 소리였다. 400년 동안 이집트의 노예로 살았던 이스라엘 백성들 뼈 속 깊이까지 노예근성의 습관이 박혀 있었다. 홍해를 가르고 극적으로 이집트를 탈출하면서 수 백 년 동안 백성의 염원이었던 '자유'를 외쳐대던 환희의 순간을 잊어 버리고 옛 생활로 돌아가고픈 습관의 딜레마에 빠진 것이다.

성공은 지능이나 재능의 문제 이전에 습관의 문제다. 능력 이전에 성공의 습관을 가져야 하는 문제다. 좋은 습관은 좋은 결과를 낳는다. 더 먹음직스러운 풀이 저편에 있는 데도 소들이 담장을 뛰어넘지 못하는 이유가 무엇일까? 과거의 습관 때문이다. 철조망에 걸려 피를 흘리고 아팠던 경험 때문이다. 많은 사람들이 스스로 정한 한계를 절대로 벗어나려하지 않는다. 과거의 경험만을 고집하고 그 범주 안에서 안주하고 싶어 한다.

네트워크 비즈니스는 자신의 직업을 갖는 일이다. 끊임없이 누군가에 의해 선택 당하는 것이 아니라 스스로 신뢰하는 새로운 가치를 부여하는 사업이다. 직장생활은 경영자에 의해 월급이 정해진다. 그러나 네트워크 사업은 자신이 받고 싶은 인센티브를 스스로 정할 수 있고 노력한 만큼 수입을 늘릴 수 있다. 그 수입이 천문학적으로 늘어날 수도 있다. 마치 새로운 젖과 꿀이 흐르는 사업과 같은 네트워크 사업은 새로운 습관으로 준비되지 않으면 옛 습관으로 되돌아가려는 딜레마에 스스로 빠지게 된다. 새 술은 새 부대에 담아야 하듯이 새로운 방식의 사업은 새로운 습관으로 바뀌어야 한다.

'잠비아' 딜레마

아라비아 남자들이 고대로부터 허리에 차고 있는 호신용 칼, '잠비아'라는 것이 있다. 마치 후크선장의 갈고리처럼 휘어져 있는 모양을 하고 있는 칼이다. 이것은 조선시대 정절을 지키기 위해서 여인들이 몸에 지녔던 은장도와 같은 것이다. 단지 잠비아는 자신의 절개를 지키는 것보단 자녀들과 아내를 강도로부터 지키는 남성들의 무기였다. 지금도 중동지역에는 남성들 허리춤엔 잠비아가 하나씩 있다. 그러나 지금의 잠비아는 칼날이 무뎌있어서 호신용으로 쓰기보다는 남성을 나타내는 상징물로 지니고 다닌다. 제 구실을 잃은 셈이다. 그렇다보니 칼의 가치는 칼날보다는 손잡이에 달려 있다. 무뎌진 칼날은 사람을 베일 수 있기는커

녕 호박도 찌를 수 없을 정도다. 칼집에 숨어있는 칼날보다는 단지 사람들에게 내보일 수 있는 손잡이만 멋있으면 된다. 그래서 고급 상아로 된 손잡이는 집 몇 채 값이나 된다. 비싼 잠비아를 차고 있을수록 부를 자랑하기 때문에 앞을 다투어 중동 사람들은 고가의 잠비아를 구입하려고 한다. 혹시나 비싼 잠비아를 도둑맞을까봐 전전긍긍하는 사람도 있다. 잠비아가 사람을 지키는 것이 아니라, 사람이 잠비아를 지키는 꼴이 됐다.

잠비아처럼 수단이나 목적이 뒤바뀌어 혼돈을 일으키는 사람이 있다. 네트워크 비즈니스는 비즈니스의 일종이다. 제품을 유통시키는 기존의 방식과는 사뭇 다른 형태를 띤 마케팅으로써 궁극적으로 제품을 파는 것을 목적으로 한다. 그런데 다른 마케팅 방식은 쓰레기고 네트워크 비즈니스가 마치 천상천하 유아독존의 비즈니스인 것처럼 과대포장을 한다. 네트워크 비즈니스 원리를 바탕으로 효과적인 제품전달을 통해 소비자 네트워크를 형성하면 되는 간단한 일이다. 그럼에도 불구하고 네트워크 비즈니스는 비즈니스가 아니라 어떤 정신세계가 있고 고차원적인 이념이 있는 것처럼 요란을 떠는 경향이 있다. 비즈니스의 목표는 돈을 버는 것이다. 그럴듯하게 표장하거나 목적을 혼동시키지 말고 속과 겉이 같은 빨간 색채를 띠는 토마토처럼 투명하게 비즈니스를 펼칠 일이다. 애매모호할수록 네트워크 비즈니스 사업은 딜레마에 빠져들게 될 뿐이다.

시츄에이션 딜레마

어느 날 집에서 아내와 외화 한 편을 보다가 박장대소한 적이 있다. 친하지도 않은 이웃 부부가 젊은이들을 집에 초대해서 만찬을 대접하면서 지나친 친절을 베풀자 젊은이들은 의아하게 생각하게 되고, 점점 더 긴장감이 돌게 되는데……. 미국사회에서는 아무리 친해도 특별한 날이 아니고는 식사시간에 이웃을 초대하지 않는 문화를 갖고 있기 때문에 분에 넘치는 대접은 오히려 부담감만 더할 뿐이다. 이런 이상야릇한 묘한 상황이 전개되는 가운데 드디어 부부가 말문을 열게 되는데……. 잠시 긴장감이 돌다가 하는 말이, "당신들이 오늘 먹은 요리를 담은 그릇들은 다름 아닌 네트워크 회사 제품인데……. 이 물건으로 말할 것 같으면……." 하는 것이 아닌가? 다음 장면은 얼떨결에 식사대접을 받고 한 보따리 필요하지도 않은 식기들을 안고 집을 나서는 코믹한 장면이다. 본래 영화의 주제와는 관계없이 네트워크 비즈니스의 난감하고 어설픈 상황을 절묘하게 묘사한 장면이 뜬금없이 잠시 지나가는 것이, 마치 오랜만에 집에서 휴식을 즐기고 있는데 초인종을 누르고 문을 열어주자 '진리를 아시느냐?'고 하면서 다짜고짜 전단지를 건네주고는 진리를 논하자고 들이대는 사람들과 같아 보였다. 먼지가 잔뜩 앉은 앨범을 펴들고 10년 만에 친구 연락처를 찾아내곤 만나자마자 잠시 머뭇거리는 시간이 지나면서 네트워크 사업의 포문을 여는 사람들이 있다. 마치 적진을 향해 사업의 깃발을 꽂으려고 정상을 향해 돌진하는 네트워크 비즈니스 군사와 같다. 네트워크 비즈니스는 인맥으로 하는 비즈니스다. 그렇지만 어설프게 서둘러서 사업을 전개하다 보면 그만큼 부작용이 크다.

네트워크 비즈니스 사업하는 사람들에게 질렸다는 말을 많이 듣게 되는데 그냥 웃어넘길 바가 아니다. 인맥 만들기를 잘 해야 하는 이 사업은 사업 자체보다 사람이 우선이 돼야 한다. 사업을 잘한답시고 사람을 잃게 되면 사업의 성장은 멈추게 된다. 굳이 네트워크 비즈니스 사업이 아니더라도 모든 사업이 사람을 남기는 사업을 해야 한다. 그런데 묘한 감정을 유발시키는 이상야릇한 상황을 만들어서 상대방의 심기를 불편하게 한다면 그 뒤 감당을 어떻게 할 것인가?

미국에 한 유명한 설교자가 하루는 설교 중에 어제 밤 꿈속에서 거대한 모습을 한 하나님께서 나타나셔서 하나님의 거룩한 사업을 위해서 얼마의 달러를 모금하지 않으면 너의 목숨을 잃게 될 것이라는 계시를 하셨다는 것이다. 그 설교자는 의과대학을 설립하는 한편 큰 교회건물을 건축한 기독교계에서 꽤 유명한 인사였다. 마침 대학 경영난에 심신이 지쳐있었고 주위사람들이 안타깝게 지켜보는 가운데 던져진 메시지라 그 무게감은 더할 나위 없었다. 설교를 들은 한 독지가가 설교가가 제시한 금액만큼 거금의 수표를 헌금하면서 이 같은 말을 남겼다. "이 수표는 당신에게 보였다는 하나님의 계시가 믿어져서 주는 것이 아니라, 평소 당신을 아끼는 마음에 혹시나 당신의 설교 메시지를 듣고도 사람들이 그만한 거금을 헌금할 수가 없어서 당신이 좌절 끝에 자살해서 죽을까봐 염려해서 주는 것뿐입니다." 이처럼 한 독지가의 헌금으로 불행한 사태는 막을 수 있었지만 한 설교가의 상황은 깔끔한 시츄에이션은 아니다. 혹시 당신도 네트워크 사업을 이런 시츄에이션 딜레마(situation dilemma)로 몰아가고 있지는 않은가?

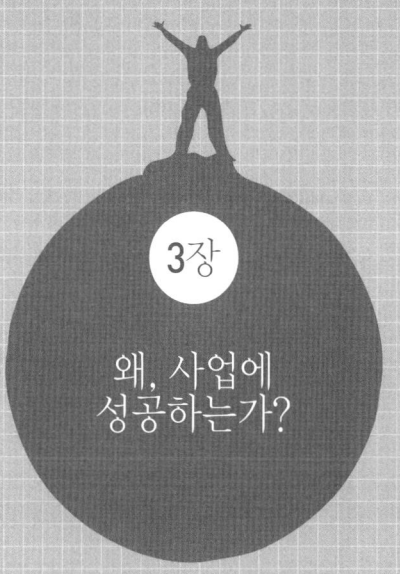

3장

왜, 사업에 성공하는가?

왜, 사업에 성공하는가?

패러독스, 당신이 하는 마케팅은 왜 성공하는가?

　그리스어에서 유래한 패러독스(Paradox)의 본래 뜻은 '정설을 거역한다.' '역설적이다.' 는 의미를 지니고 있다.

　모순되어 보이지만 옳은 결과를 낳는 역설적인 상황이 비즈니스 세계엔 비일비재하다. 본래 백화점은 19세기말 재래시장 문화와는 차별을 두고 새롭게 등장한 시장문화다. 당시 기득권층이었던 재래시장의 유지들은 정치인들을 앞세워 백화점 건설과 마케팅을 불법화하는데 성공한다. 그런데 백화점 문화에 맛들인 소비자들은 정부와 기득권층의 방해공작에도 불구하고 백화점 문화를 선호하게 되고 그 결과 대형백화점들이 전국에 들어서게 된다. 당시 재래식 시장문화의 정설을 뒤엎은 백화점 시장문화는 현대소비문화를 이끌고 있다. 네트워크 비즈니스 문화 또한 기존

방식의 마케팅과 차별을 두고 펼쳐지는 새로운 기법의 마케팅전략이다. 소비자들이 새로운 마케팅문화를 적극 수용하고 선호하느냐에 따라 그 승패는 좌우된다. 네트워크 비즈니스가 역설적인 새로운 기법의 소비문화인 만큼, 비즈니스를 펼치는 사람들 또한 역설적인 마인드가 필요하다.

상상력의 역설

 1967년 1월 27일 구소련과 우주경쟁을 펼치던 미국 항공우주국(NASA)에 대형 참사가 일어났다. 발사훈련 중이던 아폴로1호에 불이 나서 세 명의 우주비행사가 출발하지도 않은 우주선에 갇혀 꼼짝없이 목숨을 잃었다. 구소련과 과도한 경쟁이 빚은 재난이라는 빗발치는 비난 속에 청문회가 열렸다. 의회청문회 막바지에 의원들은 미 행정부와 NASA가 소련과의 우주경쟁에 집착해서 발생한 인재라는 확인절차를 받고자 한 우주비행사가 소환했다. 하지만 그의 진술은 의원들의 기대하는 바와는 사뭇 달랐다. "지나친 경쟁심 때문에 시간에 쫓겨 서둘러 프로젝트를 진행시켜 참사를 불러일으킨 것도 사실이지만, 참사의 진짜 원인은 상상력의 부족이었다. 우린 우주공간 안에서 일어날 수 있는 위기상황에 대해서 여러 측면에서 상상하고 대비해왔지만, 정작 발사대에 매달려 있는 상황에서 문제가 발생하리라곤 아무도 상상하지 못했다."

 사람들은 상상할 수 있는 만큼 대처할 수 있다. 또한 대처할 수 있는 만큼 살아남을 수 있다. 곧 상상력이 생산력이다. 현재 반도체 시장에서 세계 제일을 자랑하는 삼성은 '반도체 한국'에 대한 상상력의 결실이었다. 삼성의 반도체 사업은 지난 74년 12월 6일 파산위기에 처한 한국반도체를 인수하면서 시작됐다. 주변의 우려에도 당시 동양방송 이건희 이사가 사재를 출연해 인수하면서 비롯된 것인데, 1974년은 1차 오일쇼크의 영향으로 세계적으로 극심한 인플레이션이 휘몰아쳐 세계굴지의 인텔, 내쇼날 등이 생산시설을 축소하는 등 반도체 사업은 시계 제로인 상황이었다. 더욱이 삼성이 83년 본격적으로 반도체 산업에 뛰어들겠다고 하자 정부관리들 조차 비판하는 사람이 많았다. 이른바 도쿄선언을 통해 83년 2월 8일 당시 삼성의 이병철 회장이 반도체 산업 참여를 선언하자 정부의 모 고위 관리는 "사업성도 불확실하고 돈 많이 드는 반도체를 왜 한단 말인가. 차라리 신발산업을 밀어주는 게 낫다."고 비난하기까지 했다. 반도체 부문에서 한참 앞서 있던 일본의 반도체 업체들은 실소를 금치 못했는데 반도체 산업은 그만큼 투자와 고난도의 기술이 필요했기 때문이다. 미래사회에 펼쳐질 상상력의 부재를 뒤로 한 채, 삼성은 일류기업으로의 상상력을 발휘해서 국제반도체 표준화를 주도하는 경쟁력을 갖춘 회사로 발전했다.

2005년 8월 허리케인 카트리나가 미국 뉴올리언스를 강타, 모든 가스공급 시설이 마비됐을 때 한국에서 만든 액화천연가스 (LNG) 운반선이 높은 파도를 이겨내고 암흑의 도시 뉴올리언스에 회생의 에너지를 공급했다. 뉴올리언스 시장은 이 배를 운영하는 에너지회사에 감사를 전했고, 한국 조선소엔 주문이 쇄도했다. 굴뚝산업, 사양 산업이라고 비아냥거림을 듣던 조선업은 '도크 없이도 배를 만들 순 없을까?'라는 상상력을 갖고 물위에서, 물속에서, 심지어는 땅위에서 배를 짓는 기술을 개발해냈다. 도크(Dock)는 선박을 최종 조립하는 일종의 대행 웅덩이로서 배가 완성되면 도크 문을 열어 바닷물이 들어오게 해서 배를 띄우는데, 도크 건조공법은 조선업의 불문율이었다. 그런데 도크 하나를 만드는데 1천 5백억 원이 드는 것뿐만 아니라 도크 부지를 마련하는 일도 쉽지도 않았다. 그러나 한국 조선회사들은 이 불문율을 깨는 상상력을 동원해서 도크 없이도 매년 20% 성장률을 보이며 세계 조선업계를 선도하고 있다.

한국수출산업을 이끄는 반도체, 자동차, 철강, 조선, 무선통신기기 등의 도약은 우리 선배들의 남다른 상상력이 빚어낸 결실이다. 남들이 상상할 수 없다고 생각하는 지점에 상상의 베이스캠프를 치는 남다른 상상력이 막강한 경쟁력을 갖추게 한다. 상상력은 과거에 집착보다는 미래를 중요시 할 때 발휘된다. 이처럼 네트워크 비즈니스의 승부처 또한 바로 상상력에 달려있다. 상상력을 갖고 승부하는 사람이 성공한다.

대나무의 역설

  대나무는 씨앗을 심은 후 첫 4년 동안은 죽순이 하나 올라오는 것을 빼면 아무것도 보이지 않는다. 그 4년 동안 모든 성장은 땅속에서 이루어진다. 그동안 섬유질의 뿌리구조가 형성되어 땅속으로 깊고 넓게 퍼져나간다. 그런 다음 5년째에 대나무는 매우 빠른 시간에 25미터 높이로 자란다. 많은 일들이 대나무와 비슷하다. 열심히 일하고 시간과 노력을 투자하면서 사업의 성장을 위해 할 수 있는 모든 일을 다 한다. 그럼에도 불구하고 수주일, 수개월, 혹은 수년 동안의 노력이 아무 결실을 보지 못 할 수가 있다. 그러나 끈기 있게 계속 작업해나가면서 거름을 주면 5년째 되는 시기가 반드시 올 것이고, 그때 나타나는 성장과 변화에 깜짝 놀라게 될 것이다.

  네트워크 비스니스 사업은 눈에 보이는 결실을 맺기까지 2년에서 5년이 걸리는 사업이다. 일본사람들은 집 주변에 대나무를 많이 심는다. 그 이유는 대나무뿌리가 깊이 내려져서 지진에 의한 충격을 흡수해 가옥을 보호하기 때문이다. 마찬가지로 네트워크 비즈니스를 크게 성장시키려면 인맥뿌리가 깊어야 한다. 마케팅의 생명력은 뿌리가 깊은 인맥을 구축하는 일이다.

"네트워크 비즈니스 사업은 많은 사람들에게 놀라운 것을 약속했지만, 그것은 겨우 몇몇 사람들만의 전유물이 된다." 실패한 사람들의 이런 푸념은 사업의 참된 진행방법을 알지 못해서 그렇다. 뿌리가 깊은 사업인맥을 구축한 사람들은 이 사업이 가져다 준 큰 성공을 얻게 되지만, 사업방법을 몰라 뿌리를 내리지 못한 사람들은 푸념으로 사업을 접게 된다.

또 하나, 대나무라고해서 모두 쓸모가 있는 것이 아니다. 추운 겨울을 지낸 대나무라야 재목으로 쓸 수 있다. 미국에 가도 대나무가 엄청나게 많다. 그런데 우리나라 대나무는 재질이 단단해서 재목감으로 유용하게 쓰이고 정교한 바구니 여러 생활용품으로 만들어 쓸 수 있다. 그러나 미국 대나무는 그렇지 않다. 그 이유는 미국 대나무와는 달리 우리나라 대나무는 추운 겨울을 나기 때문에 나무가 단단하고 깊이 뿌리를 내린다. 고대 이스라엘

국민이 솔로몬의 성전을 지을 때 북쪽 레바논의 백향목을 가져다 지었다. 추운 겨울을 난 나무가 단단하고 진한 향기를 내서 재목으로 사용할 수 있기 때문이다. 대나무처럼 단단하고 뿌리가 깊은 인맥을 형성해야 네트워크 비즈니스의 승자가 된다.

시스템의 역설

"로마에 가면 로마의 법을 따르라 했거늘 숲에 들었거든 숲의 법을 좇을 일이다. 우선 말을 끊고 생각도 비워라. 그리하여 나무, 바위, 꽃들과 침묵으로 교감하라. 남의 집에 가서 집주인과 대화는 그만두고 인사조차 나누지 않는다면 그건 예가 아니잖나?" 이 글은 이현주 시인의 시다.

로스앤젤레스에서 흑인폭동이 일어났을 때, 차이나타운이나 일본타운은 피해가 전혀 없었다. 오직 한인 타운만 엄청나게 큰 피해를 입었다. 그 지역사회에 잘 융화되지 못하고 거만과 거드름을 피웠던 일부 한인들 때문에 미국인들 눈에 거슬렸던 것이다. 이에 반해, '일본의 빌 게이츠'로 칭송받는 재일교포 손정의씨는 21세기 일본 경제를 이끌 기업인 리더 1위로 일본인들에게 추앙받고 있다. 주어진 환경 안에서 잘 융화되고, 동화된 지혜로운 행동이 낳은 결실이다.

  1981년에 제너럴 일렉트릭(GE)사의 회장이 되어, 그룹을 재계 1위에 올려놓으며 '20세기 최고의 경영자'로 평가받고 있는 잭 웰치! 많은 사람들은 웰치가 GE를 위대하게 만들었다고 하지만, 엄밀하게 따진다면 오히려 GE의 톱 경영자 훈련 시스템이 웰치를 만들었다고 보는 게 옳다. 그는 25세에 대학원을 졸업하고 바로 GE에 입사해 회사와 함께 동고동락해 온 토종 GE맨이다. GE 외에 다른 회사에서는 일해 본 적도 없고, 일할 생각도 없었기에 오직 GE에서만 근무해서 입사 20년 만에 최고 경영자의 자리에 올랐다. 특기할 만한 사실은 웰치의 전임 회장들도 모두 그들의 세대에선 가히 혁명적인 경영 마인드를 재계에 소개하며, GE를 톱클래스 기업으로 이끌었던 최고의 리더였다는 점이다. 세월이 흘러도 변치 않고 그 세대의 주목을 받는 탁월한 리더들이 GE의 시스템 속에서 양성된 것이다. 즉 시스템에 깊이 동화된 사람이 그 시스템을 제대로 이끌 수 있고, 그 시스템 안에서 성공할 수 있다.

  어느 것이든지 동화되지 않으면 그 가치를 알 수 없고, 그 세계를 깊이 이해할 수 없다. 네트워크 비즈니스 사업도 그 문화에 잘 동화된 사람이 성공한다. 네트워크 비즈니스 사업세계안에는 나름대로의 문화가 존재한다. 반세기의 역사를 가진 만큼, 그 문화의 옷으로 갈아입어 잘 어울리는 사람이 성공한다. 동화란 그 문화의 가치를 이해하고 그 문화 속에서 함께 하는 것이다. 그리고 그 문화에 따라 습관을 키워나가는 것이다. 네트워크 비즈니스 사업에 귀화해야만 성공할 수 있다. 이를 두고 흔히들 '미쳤다'는 말을 사용하는데, 적당한 표현이다. 무슨 일을 하든지 그 일에 미쳐야 성공한다.

레몬 패러독스

잇몸이 스펀지처럼 되면서 부어오르고 피가 나며, 피부에는 여기 저기 커다란 멍이 들고, 관절에는 물이 차고, 쉽게 피로해지다가, 결국에는 심부전으로 사망에 이르는 병인 괴혈병은 장기간의 항해를 직업으로 하는 선원들을 위협하던 괴질이었다. 1744년 4년에 걸친 항해를 끝내고 귀항한 영국 해군의 조지 엔슨 제독의 함대가 세계를 한 바퀴 돌아오는 동안 입은 인명 손실의 내용을 들여다보면 이 병의 무서움을 일 수 있다. 1955명의 대원으로 출발한 함대는 전투에서는 단 4명의 사망자를 냈을 뿐이었지만, 열병과 이질로 320명, 괴혈병으로 997명이 사망하여 귀환한 선원의 수는 출발 당시의 3분의 1로 줄어 있었다. 이 무렵 에든버러에서는 제임스 린드라는 스코틀랜드 출신의 해군 군의가 괴혈병의 치료법을 알아내기 위해 애쓰고 있었다. 그는 16세기부터 선원들 사이에 전해오던 오렌지나 레몬이 괴혈병에 효과가 있다는 속설을 검증하기 위해 임상시험을 계획하였다. 린드는 괴혈병에 걸린 12명의 선원을 6개의 그룹으로 나누어 각 종 처방을 시험해 보았다. 후일 세계 최초의 '대조군을 둔 임상시험'으로 유명해진 이 시험은 보급품의 부족으로 당초의 14일 동안 투여하려던 계획이 6일로 줄어들었다. 시험결과는 1753년 '괴혈병의 치료'라는 논문으로 발표되었는데 여기서 린드는 오렌지 두 개와 레몬 한 개를 준 환자는 완치되었고 탄산음료만 준 환자는 부분적인 회복만 보였다고 주장하였다. 이 실험 덕분에 선원들은, 레몬과 오렌지가 괴혈병의 예방이나 치료에 도움이 된다는 생각을 가지게 되었다. 일례로 1770년 싱싱한 레몬, 라임, 오렌지 및 야채를 충분히 보급해가며 세계일주 항해를 마친 제임스 쿡 선장의 함대는 단 한 명의 선원만을 이 병으로 잃는데 그쳤다. 1795년 해군 군의 블레인의 노력으로 하루 4분의 3온스의 레몬주스가 영국 해군의 정규 식단에 추가되자, 마침내 괴혈병의 사망률이 극적으로 감소하였다. 린드의 레몬은 넬슨 제독 이상으로 영국해군에 공헌하였던 것이다. 죽음에까지 이르게 하는 괴혈병이 레몬이나 오렌지 하나로 간단하게 예방할 수 있다는 진실은 비타민의 역설이다. 추후 비타민C 결핍이 괴혈병을 부른다는 학설이 발표되었지만, 당시 린드의 경험을 바탕으로 한 치료방법을 못마땅하게 여기면서 탁상공론을 일삼고 이론에만 치중한 과학자들에겐 터무니없는 가설로만 여겨졌다.

이론적으로는 완벽할지 몰라도 경험적인 면에서는 형편없는 천문학자보다는 철저한 이론적인 뒷받침은 없어도 경험과 실전에 강한 우주비행사가 네트워크 비즈니스 사업에서 유리하다. 굳이 비유하자면, 토씨 하나 틀려도 깐깐하게 구는 '인문 마인드'를 지닌 사람보다는 공식과 원리가 나오면 단순하게 그 원리를 적용해서 실습으로 곧바로 들어서는 '이공 마인드'를 지닌 사람이 이 사업에 좀 더 앞설지 모른다. 실무형 사업가가 적격이다. 탁상공론이 아니라 실천과 행동이 불변의 성공의 원리이기 때문이다. 이론보다는 경험에 근거한 원리의 패러독스가 네트워크 비즈니스 세계에서 일찌감치 승부수를 띄울 수 있다.

변화의 역설

새로운 요리를 선뵌 프랑스 요리사 '식탁의 시인' 피에르 가니에르의 쩌렁한 목소리가 서울 롯데호텔 크리스탈 볼룸에서 울려 퍼졌다. 한 끼에 60만원이나 하는 초고가 디너에 120명이 몰려 들었다. 일찌감치 2주전에 예약티켓은 마감된 상태였고 손님 중 25%는 조리사였다. 코스는 디저트를 포함해 20가지 요리와 6가지 와인으로 구성됐는데 제주 돔 구이와 얇게 저민 전복요리라든지 오징어먹물로 만든 블랙젤리라든지 재료 한 두 가지를 조합해서 만든 간단하지만 화려한 요리를 선보였다. 이름 하여 '분자(分子)요리'라 한다. 재료의 조직 및 질감, 요리 과정을 과학적으로 분석해 전혀 새로운 '음식 궁합'을 창안해 낸 것. 이에 대한 평론가와 미식가들의 호평에 힘입어 가니에르는 영국 런던의 스케치 레스토랑, 일본 도쿄의 피에르 가니에르 레스토랑, 홍콩의 피에르 레스토랑 등지로 자신의 '요리 왕국'을 확장해 가고 있다. 요리사 집안에서 태어난 가니에르는 숙명적으로 15세부터 요리사의 길에 들어서게 되지만, 요리사 아버지와의 요리방식 차이로 결별하고 자신의 길을 걷게 된다. 그의 독특한 요리방식은 처음엔 소비자들에게 각광을 받지 못하였지만 그의 끊임없는 변화가 세계에 통하고 있다.

맞벌이 문화에 외식산업이 발달해서 집에서보다 밖에서 음식을 사먹는 경향이 많은 현대의 삶은 맛난 요리에 대한 관심이 갈수록 높아지고 있다. 음식도 문화라 시대에 따라 유행에 따라 변천하고 발전한다. 무엇인들 그렇지 않은 것이 어디에 있겠는가. '태양아래 변하지 않는 것이 없다'는 진리만 변하지 않는다. 이렇다 보니 네트워크 비즈니스도 늘 변화에 대한 준비를 해야 한다.

네트워크 비즈니스 세계에서 많이 읽혀진 책 중에 '누가 내 치즈를 옮겼을까?'라는 책이 있다. '변화를 두려워하지 말라'는 메시지를 담아 생쥐 두 마리와 두 명의 꼬마가 미로 속에서 맛있는 치즈를 찾아나서는 이야기로 꾸몄다. 이 책의 내용 때문에 네트워크 비즈니스에 생소한 사람들에게 부드럽게 접근하는 도구로 잘 활용된다. 세상의 변화에 잘 대응하자는 권면과 함께 말이다. 그런데 정작 세상의 변화에 대해 외치면서 네트워크 비즈니스의 전략이 새롭게 시대에 맞게 변화해야한다는 점에 대해서는 왜 귀를 막아버리는지 알 수가 없다. 요리의 본질은 변하지 않겠지만, 새로운 것을 원하는 요리의 방식은 늘 변하기 마련인 것처럼, 네트워크 비즈니스의 전략 또한 새롭게 단장해야 한다. 과거에는 네트워크 비즈니스 원리를 잘 풀어 설명하는 웅변가들이 유행했다면, 오늘날은 전문성을 지닌 마케터들을 필요로 한다. 새롭게 변하는 네트워크 비즈니스 세계에서도 그 변화를 누가 리드하느냐에 따라 승패가 갈린다. 변화의 역설, 그 파워를 무시하지말자. 변화를 두려워하지 말라고 하면서 정작 자신은 변화하지 않는 마케팅문화, 변화의 패러독스를 깊이 생각해야 한다.

아일랜드와 한국, 리더십의 패러독스

술을 좋아하고 노래를 즐겨 부르며, 악착같은 근성과 성실함이 한국인과 닮은꼴인 아일랜드는 일본의 지배를 받던 우리처럼 영국 식민지 생활과 굶주림과 가난을 경험한 민족이다. 1990년대 중반 한국과 아일랜드는 어깨를 나란히 하는 중진국으로써 한국은 아시아의 떠오르는 용으로, 아일랜드는 켈트의 호랑이로 불리며 국민소득 1만 달러의 고속성장 신화를 이어갔다. 그러나 10년이 흐른 뒤, 두 나라의 소득격차는 엄청나게 벌어져서 우리는 1만 6천 달러로 10년 전과 거의 같지만 아일랜드는 4만 6천 달러로 국가경쟁력 지수 11위로 10위권 진입을 코앞에 두고 있다. 뿐만 아니라 일자리를 찾아 미국과 유럽으로 떠났던 아일랜드 사람들이 고국으로 돌아가고 있는 반면에 우리는 매년 2만 명가량의 사람들이 나라를 등지고 일자리를 찾아 이민을 떠나고 있다.

왜 그럴까? 무엇이 10년 동안 우리와 아일랜드의 격차를 이토록 벌어지게 했을까? 그 해답은 리더십에서 찾을 수 있다. 12년간 아일랜드를 이끈 레마스 총리는 과감하게 교육에 대한 무상지원, 외국투자유치와 개방정책 등 아일랜드의 구조 변경에 대한 마스터플랜을 갖고 미래를 내다보고 발전전략을 세워 국민이 직접적으로 혜택을 누리게 하여 정부에 대한 신뢰의 환경을 만들어갔다. 10년, 20년 후를 내다보는 통찰력, 일관성 있는 마스터플랜, 국민들의 신뢰감을 이끌어낸 리더십으로 유사한 환경조건 속에서도 우리가 10년 동안 헤매고 있음에도 불구하고, 아일랜드는 성공했다. 이것이 리더십 패러독스다.

무엇인가를 반대하기는 쉬워도 무엇을 원하는지를 아는 것은 어렵다. 그 원하는 것을 파악하고 그것을 얻기 위해서 마스터플랜을 갖고 일관성 있게 목표를 향해 가는 것 또한 쉽지 않은 일이다. 그럼에도 불구하고 훌륭한 리더십은 그 무엇인가를 성취하게 하는 파워가 있다. 하는 일마다 늘 실패하리라는 감정적인 신화를 깨뜨려버릴 수 있는 원동력은 리더십 패러독스에 있다.

네트워크 비즈니스 영역에서도 마찬가지다. 경제 전체에 대한 맥락 이해와 미래에 대한 통찰력, 그리고 일관성 있는 마케팅 플랜을 세워 연관된 네트워크들과의 신뢰성 유지와 리더십이 발휘될 때 실패에 대한 두려움에서 벗어나서, '할 수 있다는 자신감'의 기운을 모아 성공을 향해 나갈 수 있다. 어떻든 거대한 네트워크를 형성해야 승산이 있기 때문에 리더십이 발휘되지 않으면 네트워크 비즈니스 특성상 실패할 수밖에 없다. 특히 거대한 네트워크 그룹을 이끄는 리더일수록 진정한 리더십을 발휘해야 이뤄놓은 성공을 지속적으로 유지시킬 수 있다. 특히 탑 리더일수록 섬김의 리더십이 필요하다. 중국의 황금기를 열었던 청나라 4대 황제인 강희제가 이끄는 중국은 그 당시 가장 크고 강대한 나라였다. 강력한 리더였던 그의 좌우명은 '국궁진력(鞠躬盡力)'이었다. 존경하는 마음으로 몸을 구부리고 온힘을 다한다는 뜻이다. 황제가 쉽게 쓸 수 있는 말은 아니다. 그는 다스리지 않은 것 같은 다스림, 요란하거나 시끄럽지 않는 다스림으로 강력한 리더십을 발휘했다. 네트워크 비즈니스는 리더십의 기초위에 지어진다.

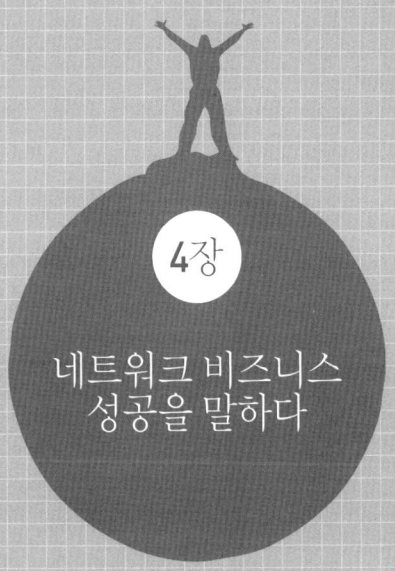

4장

네트워크 비즈니스
성공을 말하다

네트워크 비즈니스 성공을 말하다

네트워크 비즈니스 성공 스토리텔링

　미래의 네트워크 비즈니스 세계는 반드시 변화할 것이다. 세상에 변하지 않는 것이 없다는 진실만이 변하지 않기 때문이다. 그러므로 네트워크 비즈니스 향후에 대한 방향을 잡는 일은 매우 중요하다. 이런 맥락에서 앨빈 토플러가 말하는 프로슈머와 네트워크 비즈니스의 프로슈머, 유비쿼터스 시대를 준비하는 네트워크 비즈니스인 u-프로슈머, 그리고 산업사회 마인드에서 지식기반 마인드, 소프트파워로의 전환에 대해 미래를 위한 네트워크 비즈니스 스토리를 전개하고자 한다.

'네트워크 비즈니스의 프로슈머'

한국에 독자를 많이 갖고 있는 미래학자 앨빈 토플러가 한국을 방문했다. 그런 그에게 "차세대 한국의 성장 동력을 위해 무엇을 준비해야 할까?"라는 질문을 던졌다. 그는 '바이오, 뇌 과학, 양자 연구, 첨단 농업, 대체에너지' 등이라고 대답하면서 한국경제 상황에 지대한 관심을 보였다. 앨빈 토플러는 그의 저서 '제3의 물결'에서 '프로슈머'라는 신조어를 만들어냈고, 최신작 '부의 미래'에서 진정한 프로슈머의 의미와 가치를 다시 한 번 상세하게 다루고 있다. '프로슈머 마케팅'이라고도 불리는 네트워크 비즈니스의 원리인 '프로슈머'에 대한 본래의 의미를 살펴보는 동시에 실제로 네트워크 비즈니스 세계에서 사용되는 프로슈머의 의미를 짚어보는 것이 필요할 것 같다.

'부의 미래'의 핵심 키워드인 프로슈머에 대한 재조명을 통해 앞으로 전개될 네트워크 비즈니스의 모습을 제대로 그려볼 수 있다. 우리는 태어나면서 경제활동의 영향력 아래서 산다. 아빠가 가져다주는 월급에 의해서 한 달 생활 스케줄이 결정되고, 구멍난 경제를 메우기 위해서 맞벌이에 나선 엄마 도움의 손길로 한숨을 돌리는 경제 리듬에 따라서 겨우 살림을 꾸려나간다. 아이들이 자라면서 학교나 학원에 가는 이유는 성인이 되서 경제활동을 잘 하기위한 방법을 배우기 위해서인데, 시장에 내다팔 수 있는 무엇인가를 만드는 기술을 배우든지, 직장을 구하기 위해서 필요한 지식을 쌓든지, 아니면 부모 재산이 많아서 상속을 받아 부를 누리든지, 여하튼 우리는 태어날 때부터 경제활동의 영역 안에서 화폐를 얻어야 살아갈 수 있다는 화폐경제 원칙을 몸에 익힌다.

그런데 제품이나 서비스 또는 경험을 팔아서 화폐를 얻는 사람을 생산자라고 한다면, 화폐를 얻기 위해서라기보다는 자신이 만든 제품이나 서비스 또는 경험 등을 자신을 위해서 사용하거나 스스로 만족을 느끼기 위해서 생산하는 사람을 프로슈머(prosumer)라고 한다. 돈이나 그에 상응하는 보상을 바라지 않고 자신이나 가족, 친구, 이웃, 타인과 나누고자 어떤 제품을 만들었다면 이야말로 프로슈머인 셈이다. 얼마 전 딸 친구를 위해서 따스한 겨울을 보내라고 목도리를 뜨느라고 밤늦은 시간까지 뜨개실과 씨름하는 아내를 지켜보았는데, 그녀는 목도리를 만드는 생산자였지만 돈을 대가로 하지 않는 비화폐 경제활동인 프로슈머였다. 우리는 제품을 구입하기 위해서 그에 상응하는 화폐를 지불하지 않고도 누군가의 프로슈머 활동으로 그 제품을 얻을 수가 있는데, 이런 것들이 화폐 없이도 움직이는 비화폐 경제활동인 셈이다. 프로슈머를 통해 우리는 세상에는 공짜가 있다는 것을 재확인하게 된다.

그러나 네트워크 비즈니스 세계에서는 앨빈 토플러의 프로슈머 개념을 차용해서 색다른 개념의 프로슈머 철학을 전파했다. 일종의 변형 발전된 프로슈머다. 이는 '프로슈머 마케팅'이라는 마케팅 전략의 일환으로 소비를 통해 돈을 벌게 하는 새로운 소비문화를 창출했다. 즉 소비가 화폐를 얻게 한다는 의미로서 프로슈머를 설파했다. 소비가 화폐를 얻게 했으니까, 일종에 소비가 생산인 셈이다. 그러나 엄밀히 따지면 앨빈 토플러의 원래 프로슈머의 개념과는 거리가 있다. 토플러는 화폐 없이도 움직이는 경제활동인 비화폐 경제활동의 프로슈머가 미래의 경제지표를 바꿀 것이라는 차원에서 돈 없이도 혜택을 받는 소비자 경제를 말한 것이다. 대가를 바라지 않는 누군가(생산자)의 도움으로 돈 없이도 그 혜택을 받는 소비자가 되어 삶을 영위할 수 있는 개념으로서 프로슈머(대가 없이 베푸는 생산자와 화폐를 지불하지 않고 혜택을 누리는 소비자)를 언급한 것이다.

그런데 네트워크 비즈니스에서의 프로슈머는 생산자는 돈을 벌고, 소비자는 돈을 쓰는 자였다면, 프로슈머는 돈을 쓰면서 돈을 버는 자로서 소비가 곧 생산이라는 말이다. 이때 '생산'의 의미는 제품이나 서비스를 생산하는 것이 아니라 돈을 번다는 의미의 생산을 뜻한다. 엄밀하게 따지면 앨빈 토플러의 프로슈머 개념이 아닌 셈이다. 그럼에도 네트워크 비즈니스의 프로슈머는 일정한 범위 안에서 토플러가 말하는 프로슈머 원리를 바탕으로 활동하기도 한다. 예를 들어, 은행에서 직원을 두고 고객의 입출금 서비스를 도맡아서 하던 일을 고객 스스로 현금 출납기에서 기계작동을 통해 입출금 업무를 행하므로 은행 측에서는 인건비를 절약할 수 있게 된다. 고로 은행은 공짜 점심(인건비 절약)을 고객으로부터 얻어먹은 셈이다. 인터넷을 검색해서 소득공제 확인서나 카드사용 내역서를 소비자 자신의 프린터로 인쇄해서 사용하는 것 또한 카드회사나 국세청의 업무를 대신함으로서 소비자가 자신의 비용으로 생산자의 업무를 수행하는 프로슈머인 셈이다. 그런데 네트워크 비즈니스 세계에서는 생산자의 업무를 대신 수행해주는 소비자들의 수고(경비나 시간 등)의 대가를 생산자만 챙기도록 하는 것이 아니라, 소비자에게도 일정한 대가가 돌아가도록 한다.

어떤 소비자가 특정 제품에 대해 다른 소비자에게 구전광고를 하거나 제품사용법을 알려줘서 구매가 이뤄지게 됐을 때, 해당 제품을 생산한 회사는 별도의 광고비나 유통비용을 들이지 않고 이윤을 창출하게 되므로 중간유통의 마진을 고스란히 챙기게 될 수 있게 되는데 그 이윤의 일부분을 수고한 소비자와 나누겠다는 마케팅의 원리가 바로 네트워크 비즈니스인 셈이다. 회사의 이윤을 나눠가진 소비자를 바로 네트워크 비즈니스에서는 프로슈머(소비를 생산한 소비자)라고 본다. 이런 면에서 네트워크 비즈니스의 프로슈머는 앨빈 토플러의 비화폐 프로슈머 원리를 화폐경제와 연결해서 발전시켰다는 점을 발견하게 된다.

프로슈머 원리로 화폐경제와 비화폐경제의 경계선을 무너뜨리는 마케팅 원리가 바로 네트워크 비즈니스인 셈이다. 앨빈 토플러는 주부들의 무보수 가사노동뿐만 아니라 1,700만 미국 가정이 인터넷으로 증권거래를 하거나 4,000만 고객이 인터넷으로 여행상품을 예약한 사실을 프로슈머로 본다. 한 통의 전화문의에 답하는데 5달러가 들고 소비자가 인터넷으로 정보를 얻는데 20센트밖에 들지 않기 때문에 소비자가 인터넷으로 업무를 보게 되면 생산자(회사)는 5달러의 이윤을 남기게 되고 소비자는 고스란히

20센트(인터넷 사용요금)를 소비하게 되는 셈이다. 이런 소비자의 수고로 회사는 큰 비용을 절약하게 된다. 이런 맥락에서 노동비용을 외부로 돌려 절감한 비용을 되돌려 주겠다고 나선 회사가 바로 네트워크 비즈니스 회사다.

네트워크 비즈니스의 프로슈머 원리는 어디까지나 소비자의 수고로 생산자의 비용절감을 되돌려 받을 수 있는 프로그램에 기인한다. 그런데 회사에서 제공하는 인센티브(회사의 일정한 이윤을 수고한 소비자와 나누는 것)를 극대화해서 얻기 위해서 벌이는 과열 마케팅이 사회문제로 대두되고 있다. 인센티브를 얻기 위한 불필요한 제품구입, 강매, 제품의 원가보다 지나친 마진을 붙여 유통시키는 네트워크 비즈니스 회사들, 겉모양은 네트워크 비즈니스 회사지만 내부는 금융다단계 형태를 지닌 사기성이 농후한 회사들, 교묘한 다단계 마케팅 프로그램을 내세워 현혹하는 회사들의 작태가 스캔들이 되고 있다.

그러므로 네트워크 비즈니스가 한국사회에 제대로 정착하기 위해선 몇 가지 풀어야 할 숙제가 있다고 본다. 첫째는 건전한 소비문화 가이드가 설정돼야 한다. 진정한 프로슈머 원리를 교육시키므로 인센티브만을 위한 프로슈머 활동이 아니라, 봉사와 헌신의 서비스 철학을 바탕으로 하는 소비문화를 안내할 때 마케팅의 과열이나 왜곡을 방지할 수 있다. 둘째는 인센티브는 어디까지나 구전광고, 제품사용 가이드에 대한 프로슈머 활동을 통해 받는 것인 만큼 네트워크 비즈니스는 결코 불로소득을 통해 얻을 수 있는 것이 하나도 없다는 점을 숙지해야 한다. 그래야만 일찍 줄을 섰다고 네트워크 비즈니스 세계에서 성공자가 되는 것처럼 여기고 이 네트워크 회사 저 네트워크 회사를 철새처럼 떠돌아다니지 않게 된다. 셋째는 네트워크 비즈니스 회사는 균형 있는 인센티브 배분 프로그램 운영해서 일부분의 소비자만이 큰 이윤을 챙기는 사태를 방지해야 한다. 또한 '피라미드 인센티브 분배 시스템'으로 인해 일부 소비자에게만 엄청난 인센티브가 돌아가게 해서 그들을 선망의 대상을 만들어 과열소비, 경쟁마케팅의 불바다로 뛰어들도록 조장하여 결국 소비자를 거지로 만들어서는 안 된다.

정치든지 경제든지 교육이든지 도덕윤리를 바탕으로 하지 않는 것은 오래가지 못한다. 덕승재(德勝才), 아무리 재능이 좋아도 덕이 없으면 소용이 없다는 뜻이다. 덕이 재능을 능가해야 한다. 앨빈 토플러는 수고와 헌신 즉 덕을 바탕으로 하는 경제사회가 도래할 것이라고 확신하고 있다. 미래사회에서 네트워크 비즈니스의 진정한 성공도 고단수의 마케팅을 펼치는 재능을 앞세우기보단 마케팅 정도를 지키고 신뢰를 잃지 않는 상도(商道)를 걸을 때 가능하게 될 것이다.

시간, 공간, 지식의 21세기형 프로슈머로의 초대

앨빈 토플러가 20세기의 프로슈머 시대를 예견했다면, 우리는 21세기형 프로슈머 시대를 준비해야 한다. 21세기 프로슈머 활동이 경제적 대안으로 부상해서 미래의 부를 이끌 수 있어야 한다. 토플러의 말대로, '시간'과 '공간' 그리고 '지식'의 3가지 영역에서 프로슈머의 파워로 세계 경제를 이끌 수 있다는 마인드가 필요하다. "좋은 수단으로 위대한 일을 이루겠다."는 마인드로 프로슈머 세계를 열어야겠다.

시간으로의 프로슈머 : 앨빈 토플러는 '부의 미래' 전반부분에서 '속도의 충돌'을 언급하고 있는데, 시속 100마일로 달리는 기업, 90마일의 시민단체, 60마일의 가족, 30마일의 노동조합, 25마일의 정부 관료조직, 10마일의 학교, 5마일의 유엔과 같은 국제기구, 3마일의 정치 시스템, 마지막 꼴지가 1마일로 달리는 법 제도라고 비유하면서, 각 분야는 나름대로 고군분투하지만 각기 다른 속도로 달리기 때문에 속도의 충돌을 야기하고 결국 부를 창출하는 잠재력이 제한적일 수밖에 없다고 주장하고 있다. 같은 맥락에서 구소련의 붕괴는 경제의 속도 즉 '경제 시계'를 무시한 결과라고 평가하면서 시대의 흐름에 맞는 속도유지가 부를 창출할 수 있는 관건이라고 보고 있다.

마찬가지로 21세기 강력한 프로슈머 시대를 열어가려면, 네트워크 사업 또한 시대적 흐름에 맞는 속도유지를 해야 한다. 네트워크 사업을 속도로 표현한다면, 10마일로 달리는 제왕중심 피라미드 마케팅, 30마일로 달리는 혼자만 돈을 버는 보스중심 다단계 마케팅, 50마일로 달리는 회사중심 네트워크 비즈니스, 80마일로 달리는 회원중심 네트워크 비즈니스, 마지막으로 100마일로 달리는 경영 중심 네트워크 비즈니스라고 볼 수 있다. '경영 중심 네트워크 비즈니스'는 21세기 프로슈머 시대를 이끌 수 있는 강력한 네트워크 사업의 유형이다.

제왕중심 피라미드 마케팅 : 한탕주의로 현혹시킨 피라미드 마케팅은 1980년대 후반 국내에 본격적으로 상륙했는데 사람들의 투기 심리를 자극해서 일확천금을 누릴 수 있다는 유언비어로 가산(한집안의 재산)을 탕진하게 만들었다. 피라미드는 그 구조 맨 꼭짓점에 카리스마가 넘치는 제왕이 버티고 있는 형국인데 수많은 희생들이 한 사람의 제왕을 떠받들기 위해서 엎드려 있는 모습이다. 이집트 왕이 죽으면 거느리던 신화와 첩들을 함께 매장시킨 피라미드 무덤처럼 피라미드 마케팅이야말로 네트워크 비즈니스 세계의 무덤이다. 피라미드 구조를 이용해서 펀드나 사이비 금융으로 일확천금의 미끼를 던지는 피라미드 마케팅은 종국에 어마어마한 사회적 충격을 안겨준다. 여름철만 되면 기승을 무좀균처럼 사라질듯 하면서도 사라지지 않고 20여년 가까이 우매한 사람들을 노리고 있는 피라미드 마케팅은 건전한 네트워크 비즈니스의 성장속도를 늦추게 하는 고물 매연차량과 같다.

보스중심 다단계 마케팅 : 세상의 모든 모임의 형태를 자세히 들여다보면 다단계 구조라는 것을 알 수 있다. 밑바닥에서 오를수록 직책의 수가 줄어들면서 여러 단계를 갖고 있는 다단계 구조는 족보나 정부조직 그리고 기업조직과 각종 모임의 조직의 형태를 띠고 있다. 이런 조직의 형태를 이용해서 마케팅을 펼치는 것이 다단계 마케팅이다. 대개 다단계 마케팅에서 유통되는 제품은 생활필수품이 아닌 고가제품으로 '울며 겨자 먹는 식'으로 보스가 사니까 강매로 제품을 떠안는 웃지 못 할 형국을 연출하기도 한다. 그렇다보니 자산이 없는 소규모 회사들이 매년 수십 개, 수백 개씩 난립해서 거짓으로 사업을 하다가 돈을 챙기고 사라지는데, 회사가 설립되는 초창기 몇몇 소수의 사람들만 돈을 버는 비정상적인 마케팅이다. 이런 생리를 잘 아는 사람들은 보스기질을 발휘해서 회원들의 돈을 뜯어내는 수법으로 철새처럼 새로 생기는 이 회사, 저 회사를 다니면서 보스의 파워를 발휘한다. 이때 죽어나는 것은 아무것도 모르는 서민들이다. 몇몇 보스에 해당되는 사람들을 제외하면 일반 회원들은 마치 헌신짝처럼 종국에는 내버려진다. 짜고 치는 고스톱처럼 회사와 몇몇 보스들의 밀담에 의해서 운영되는 다단계 마케팅은 겉모양새가 화려한 독버섯과 같고, 한탕주의 피라미드 마케팅의 연장선일 뿐이다.

회사중심 네트워크 비즈니스 : 극소수의 제왕이나 보스들만을 위한 피라미드나 다단계의 형태로는 마케팅이 오래 버티지도 못하고 성공할 수 없다는 극명한 사실 때문에, 피라미드와 다단계 마케팅 이후로 다수 회원들의 공생의 원리를 적용한 네트워크 비즈니스가 뿌리를 내리기 시작했다. 1990년대 초부터 국내에 소개가 되기 시작한 다국적 기업이라든지 국내 기업들이 건전한 네트워크 비즈니스를 펼치기 위해서 노력을 다하고 있다. 그렇지만 그중에 회사중심 형태로 네트워크 비즈니스를 펼치는 경우도 있는데, 수익분배에 있어서 회원들에게 비중을 두기보다는 회사중심 성향이 강하다. 회사가 보다 많은 수익을 챙기려다보니 제품의 거품이 있기 마련이다. 그러나 일반유통에서 구매할 수 있는 제품의 가격보다 높이 책정된다는 것은 바람직한 네트워크 비즈니스 시스템이 아니다. 광고비나 기타 제반의 유통비를 절약하고 회원들의 활동으로 마케팅을 펼치는 원리를 기반으로 하는 네트워크 비즈니스 시스템은 명실 공히 가격 경쟁력, 회원 경쟁력이 무기가 돼야 한다. 그러므로 가격의 거품을 갖고 있는 회사중심 네트워크 비즈니스는 반쪽짜리 네트워크 비즈니스 시스템인 셈이다. 21세기는 이런 유형의 네트워크 비즈니스 세계에서 서서히 민심이 떠나기 시작했다고 볼 수 있다.

회원중심 네트워크 비즈니스 : 마케팅이 회사를 위해서 펼쳐지는 활동이라면 비즈니스는 회사와 회원들이 '윈-윈'하면서 성과 달성하기 위해서 펼치는 활동이라고 정의할 수 있다. 이런 맥락에서 '회사중심 네트워크 비즈니스'에서 '회원중심 네트워크 비즈니스'로 변환해야 한다. 회사는 적정 수준의 부를 챙기고 회원 개개인은 비즈니스 성과 달성을 통해 오래 걸리지 않는 시간 내에 적어도 중산층 수준의 경제활동을 펼칠 수 있는 부를 창출할 수 있도록 해야 한다. 이것이 진정한 회원중심의 네트워크 비즈니스다. 건전한 네트워크 회사를 선별하는 방법은 회사가 수익의 몇 %를 챙기고 있는지와 회원들의 몇 %가 중산층 수준의 경제 활동을 펼치고 있는지를 검토하면 된다. 나아가 구축된 네트워크를 통해 얼마만큼의 지속적인 소비가 이뤄지고 있는지를 살펴보는 일이다. 민심은 언제나 경쟁력 있는 비즈니스 세계로 몰리게 돼 있다.

경영 중심 네트워크 비즈니스 : 21세기 시대는 경영시대다. 네트워크 세계에서도 경영을 잘 해야 진정한 성공을 거둘 수 있다. 앞으로 많은 네트워크 회사들이 경쟁력을 갖추기 위해서 회사중심이 아닌 회원중심의 비즈니스를 펼치게 될 것이기 때문에 네트워크 하드웨어 환경은 잘 구축될 것이다. 문제는 바람직한 환경을 갖고도 실패할 수 있는데 그것은 바로 소프트웨어를 구축하지 못할 경우다. 인류의 조상인 아담과 하와는 완벽한 하드웨어인

에덴동산을 조물주로부터 선물 받고도 제대로 경영하지 못해서 에덴동산으로부터 종국에 쫓겨나게 됐다. 반면에 내세울 것 없는 비천한 하드웨어 시스템을 갖고 출발한 예수는 탁월한 경영 마인드로 현재에 이르러 전 세계의 삼분의 일에 해당하는 20억 인구의 인맥조직을 갖고 있지 않은가?

회원들의 성공을 이끌어주는 네트워크 리더십의 경영으로 펼치는 경영 중심 네트워크 비즈니스야말로 튼튼한 네트워크 구조를 지속적으로 유지시킬 수 있다. 21세기 프로슈머 시대는 네트워크를 어떻게 구축하느냐의 문제가 아니라 네트워크를 어떻게 효과적으로 유지하느냐의 문제다. 그렇기 위해서 네트워크 허브구축, 리더 양성, 개인의 브랜드 구축 등 경영해야할 소프트웨어가 많다. 21세기 속도에 걸맞은 진정한 네트워크 비즈니스는 바로 소프트파워를 필요로 하는 경영 중심 네트워크 비즈니스다.

공간으로의 프로슈머 : 시간의 속도를 내기 위해서는 경영 중심 네트워크 비즈니스 체계를 갖춰야 하듯이, 공간에 있어서도 국한된 지역중심의 네트워크 비즈니스가 아니라 글로벌 비즈니스여야 한다. 세계는 이념이나 국가단위의 경계선보다는 경제단

위의 경계선으로 재편되고 있다. 유럽공동체가 그렇고 자유무역협정(FTA)을 통한 경제협력이 그렇다. 2007년 5월 17일을 기점으로 남북철도가 다시 열린 것은 한반도가 마치 고립된 섬처럼 공간의 제약을 받다가 세계로 뻗어나가는 형국이 된 셈이다. 이는 마치 고구려나 발해가 커다란 만주벌판을 말 달리며 호령하던 시절처럼 동북아 허브로서의 기개를 제대로 펼칠 수 있는 계기가 마련된 일이다. 이처럼 공간 확보는 중요하다. 특히 네트워크 비즈니스 세계에서의 네트워크 구축은 공간을 확대해 나가는데 주력해야 한다. 다행스럽게도 21세기는 디지털 세상이다. 사이버 공간을 활용해서 전국곳곳에 있는 회원들을 수월하게 연결할 수 있다. 이메일과 웹 사이트로 각종 정보를 전달하고 교육 동영상을 실시간으로 운영할 수 있다. 이에 발맞춰 전 세계를 회원으로 할 수 있는 글로벌 네트워크 비즈니스 회사들도 속속히 생기고 있다.

자동차에 부착된 네비게이션으로 전국 어디나 주소만 있으면 구석구석 찾아 나설 수 있는 디지털기기의 덕분으로 네트워크 공간 확대는 그만큼 수월해지고 있다. 앞으로 상용화 될 통역 시스템으로 언어가 다른 국가 간의 비즈니스 또한 원활하게 펼쳐지게 될 것이다. 세계는 지금 우주시대를 열고 지구에서 벗어나 우주공간으로의 여행을 떠나고 있는 판이다. 그러므로 네트워크 비즈니스의 글로벌화는 당연하며 갈수록 급속도로 전개될 것이다. 이에 대비하여 전 세계를 하나의 비즈니스 공간으로 삼는 글로벌 경쟁력을 갖춘 회사만이 21세기를 이끌게 될 것이다. 개개인 또한 글로벌 비즈니스 마인드로 우선 가까운 지역을 중심으로 점진적으로 전국으로 확대해 나가는 전략을 세워야 한다. 종국(終局)에는 방방곡곡을 효율적으로 누비고 다녀야 한다. 활동영역의 범주만큼 사업의 크기가 결정되기 때문에 전국에 흩어져 있는 지역단위들을 하나로 묶는 허브역량을 가진 사람이어야만이 진정한 성공자가 될 수 있다.

인류문명은 삼천년 동안 농경문명을 이끈 아시아에서 출발해서 삼백년간 산업문명을 이끈 유럽을 지나 반세기 정도 진행된 정보지식문명지인 미국대륙에서 아시아로 다시 환원하는 형세를 갖고 있다. 지금은 공간중심이 아시아로 이동하면서 동시에 전 세계를 연결하는 글로벌 시대를 맞이하고 있다. 대륙을 연결하는 고속철도 개발과 인터넷의 활용과 컴퓨터와 모바일과의 결합은 지구촌 공간시대를 더욱 확실하게 열어젖힐 것이다. 지구 구석구

석을 확보하는 프로슈머 유목민시대가 공간으로의 프로슈머 시대를 정의하고 있다.

지식으로의 프로슈머 : 정보지식사회는 산업사회의 단순 근로자를 지식근로자로 바꿔놓고 있다. 베스트셀러 '성공하는 사람들의 7가지 습관'의 저자인 스티븐 코비는 '성공하는 사람들의 8번째 습관'에서 산업시대에서의 인간존재는 '사람 = 물건'이라는 등식을 성립시켰다고 주장하면서 자본가가 투자한 기계부속보다도 못하게 인간의 가치는 땅바닥에 떨어졌다고 설명한다. 산업시대의 경영자는 기계와 기술을 중시하고 사람에게서는 단지 신체만을 필요로 해서 노동력만을 제공 받으면 된다는 사고방식으로 사람을 마음대로 부려왔다. 그러나 지식 정보사회는 더 이상 사람의 존엄성을 파괴하는 사회가 아니라 조직에 필요한 전문성을 갖고 성과달성에 기여하는 가치 있는 존재로서 지식근로자들을 대접하게 됐다. 지식근로자는 더 이상 회사의 단순한 소모품이 아니라 의사를 결정하고 조직의 프로젝트에 주도적으로 참여하는 공로자로서 존재하게 된 셈이다. 이런 사고체계는 정보지식사회 구조를 잘 파악하고 있는 경영학계의 커다란 산맥인 '미래사회'의 저자 피터 드러커의 주장이기도 하다.

사람을 물건으로 취급할 때 그 조직은 어떻게 되겠는가? 당연히 모욕당하고 몰 개성화된 사람들은 조직을 불신하고 조직을 대항해서 투쟁하는 형국으로 치닫게 될 것이다. 네트워크 비즈니스 세계에서의 네트워크 조직도 마찬가지다. 네트워크 회원들을 지식도 없고 양식도 없는 사람들로 취급하고 마치 산업사회의 종업원처럼 부린다면 그 조직은 어떤 병폐를 낳게 되겠는가? 네트워크 리더가 마치 카리스마 넘치는 독재자나 사이비 종교집단의 교주처럼 마음대로 회원들에게 명령하고 리더 때문에 돈을 버는 것처럼 좌지우지 흔들고 치고 나간다면 그 네트워크 시스템의 종착지는 어딜 것인가? 인격도 없고 도덕도 없고 지식도 없고 리더십도 없는 네트워크 시스템이야말로 정보 지식사회의 폐기물이 될 것이다.

공생의 경제 원리와 겸손의 미덕을 겸비한 지식근로자들이 건전한 네트워크 비즈니스 세상을 이끌도록 하는 것이 바람직한 네트워크 비즈니스의 미래상이다. 스스로를 먼저 이끄는 셀프 리더십과 다른 사람이 스스로 자신을 이끌 수 있도록 안내하는 네트워크 리더십으로 구비된 지식 네트워크 비즈니스맨들이 경영하는 네트워크 사업이야말로 앨빈 토플러가 꿈꾸고 우리 모두 다

같이 추구해야 할 목표가 아니겠는가?

유비쿼터스 시대를 준비하는 네트워크 비즈니스, u-프로슈머

경계선이 무너지고 있다. 뉴스거리가 오락 프로그램에서 다뤄지고, 코미디언들이 음악기질을 발휘해서 코미디 프로그램 무대에서 가창력을 맘껏 뽐낸다. 신곡들이 드라마 같은 영상에 담겨져 발표된다. 연예계의 장벽이 무너져서 많은 가수들이 영화나 드라마의 연기자로 활동한다. 경계가 모호해지고 있다. 동서양의 경계를 무너뜨린 것이 퓨전이라면, 각기 다른 장르나 영역들의 장벽을 허무는 것을 컨버전스(융합, Convergence)라 할 수 있는데, 휴대폰 하나로 디지털 카메라, MP3, 휴대인터넷 기능을 즐길 수 있다. 디지털 컨버전스다. 디지털 컨버전스는 유비쿼터스로 가는 길목이다. '언제 어디서나 존재한다.'는 의미를 갖고 있는 라틴어인 '유비쿼터스'는 원래 신의 존재를 나타내는 신학용어로 사용됐다. 즉 '무소부재(無所不在)' - '존재하지 않는 곳이 없는' 광활한 신의 존재를 나타내는 단어다.

제1물결인 '농경사회'와 제2의 물결인 '산업사회'를 넘어 제3의 물결인 '정보 지식사회'를 도래하게 한 컴퓨터 발명과 인터넷

개발은 유비쿼터스 사회를 목적지로 삼고 있다. 생명체가 있는 곳에는 언제나 존재하지만 그 존재를 느끼지 못하는 산소처럼 사람과 사람, 사물과 사람을 연결하여 정보를 나누게 하는 컴퓨터와 인터넷 기술이 건물이나 물체 속으로 침투돼서 그 존재를 느끼지 못하지만 언제든지 어느 곳에서나 자유롭게 정보와 지식을 네트워킹 할 수 있는 유비쿼터스 기술로 만드는 유비쿼터스 도시나 유비쿼터스 사회, 유비쿼터스 마케팅 시스템이 미래사회를 열게 될 것이다.

미래사회를 그린 톰 크루즈가 열연한 영화 '마이너리티 리포트'를 본 사람이라면 유비쿼터스 사회가 어떻게 펼쳐질 것이라는 것을 쉽게 상상할 수 있다. 굳이 컴퓨터가 없어도 두 손을 내밀어서 앞에 홀로그램으로 펼쳐지는 영상을 터치해서 정보들을 검색하는 장면이나 사람들이 지나치는 거리마다 보이지 않는 곳에서 카메라가 작동되어 위치나 사람들의 상태가 24시간 실시간으로 감시되는 장면 등은 유비쿼터스 사회를 반영한다. 멀지 않은 날에 '스마트칩'이라 불리는 RFID 칩이 바코드 대신 제품마다 내장이 되어 제품의 생산자, 생산지, 유통기한, 제품정보 등을 정확하게 알 수 있는 것뿐만 아니라 대형마트에서 물건을 사기 위해서 카트에 담아 계산대 앞에서 지루하게 줄을 서야하는 장면들이 사라지게 될 것이다. 제품에 내장된 RFID 칩이 계산대를 지날 때 자동으로 계산되어 결재가 이뤄지기 때문이다. 이처럼 원하는 정보를 손쉽게 얻을 수 있고 쌍방향 커뮤니케이션을 실시간으로 할 수 있는 기술을 바탕으로 유비쿼터스 사회가 열릴 것이다. 이렇게 디지털 컨버전스 기술이 유비쿼터스 사회를 열게 될 때 네트워크 비즈니스 풍속도 마땅히 변형될 것이라고 예측할 수 있다.

 기술이 바뀌면 문화도 바뀌는 법이다. 컴퓨터 워드프로세서의 기술 때문에 수많은 타이프라이터가 사라진 것처럼, 유비쿼터스를 이끌 디지털 컨버전스 기술은 네트워크 비즈니스 문화에도 막대한 영향을 끼치게 된다. 네트워크 비즈니스 회사는 좋든 싫든 유비쿼터스 사회에서 이용하는 신기술을 기반으로 마케팅 전략을 펼쳐 나갈 터인데, 이때 프로슈머의 역할과 기능이 축소되거나 다른 방향으로 확대될 것이 뻔하다. 유비쿼터스 사회에선 워드프로세서의 등장으로 타이프라이터 직업이 사라진 것처럼 프로슈머의 활동이 어떤 모양으로든지 제약되거나 변형되거나 혹은 일부 사라질지도 모른다는 점을 간과해서는 안 된다.

비록 타이프라이터 직업은 사라졌지만 워드프로세서뿐만 아니라 통계처리 엑셀 프로그램 기술을 지닌 사무원들이 건재하게 사무실에서 활동하고 있는 것처럼, 갈수록 각종 기술과 재능을 펼칠 수 있는 프로슈머들이 네트워크 비즈니스 세계에서 건재함을 과시할 수 있게 된다. 산업사회에선 육체노동을 수행할 수 있는 기능인들이 쉽게 경제활동을 할 수 있었다면 미래사회에서 정보 지식을 활용할 수 있는 전문가들이 경제활동의 중심에 설 수 있다. 네트워크 비즈니스 세계에서도 앞으로는 유비쿼터스 과학이해와 경영기술을 겸비한 전문가가 이 세계를 이끌게 될 것이라고 전망할 수 있다.

정보통신의 발달로 원격영상 시스템은 더욱 정교해져서 재택근무나 원거리 비즈니스에 유용하게 사용될 전망이다. 그렇게 되면 거리상의 문제로 사업을 하지 못하거나 교육을 받지 못하는 일은 앞으로 사라진다. 이미 사이버대학들은 재택교육을 원하는 사람들에게 저렴한 비용으로 인터넷 사이버공간을 통해 교육의 혜택을 제공하고 있다.

네트워크 비즈니스는 교육 마케팅이다. 신개념의 마케팅 원리와 제품에 대한 특성을 교육해서 프로슈머들이 회사를 대신하여 제품을 소개하고 사용법과 특성에 대한 광고나 교육을 수행해서 판매가 일어날 때 그에 상응하는 인센티브를 받기 때문에 교육의 비중은 매우 크다. 그동안은 네트워크 비즈니스 그룹들은 대중을 모아놓고 일방적으로 지식을 전달하는 재래식 학교 시스템을 모방한 강의실 교육이었다. 그러나 유비쿼터스 시대에 들어서면 재래식 교육방식은 사라진다. 대중을 모아놓고 동기부여에 치중했던 선동적인 교육방법이 아닌 다양한 정보를 전달하는 지식기반 교육 형태를 띠게 된다. 갈수록 교육의 질을 높이는 콘텐츠 중심의 교육 전문가들이 필요하게 된다. 디지털 기술을 잘 응용하고 마케팅에 잘 접목시키는 교육 기술자들이 필요하게 된다. 얼마 전까지만 해도 '질병 = 병원'이라는 인식으로 자신의 건강문제가 발생하면 일방적으로 병원 의존적이었으나, TV방송매체인 '비타민'과 같은 건강코너나 신문매체의 건강칼럼을 통해 건강에 대한 다양한 지식자료와 영상이나 사진 등을 제시하면서 설득력 있게 정보를 제공한 덕분에 사람들은 새로운 인식과 다양한 접근방법으로 건강을 지키려고 노력하고 있다. 이처럼 네트워크 비즈니스 영역에도 유비쿼터스 시대에 걸 맞는 디지털 기술을 활용한 교육방식을 채택해야만 승산이 있다.

지금까지의 마케팅교육은 상대방을 가르치려드는 교육방식이지만 더 이상 상대는 뭘 가르쳐줘야 하거나 알려줘야 하는 바보가 아니다. 미래는 상대로부터 존경을 받고 사랑을 받는 마케팅 문화를 창출해야 한다. 상품의 특성이나 가격 등 딱딱한 정보를 일방적으로 전달하기보다는 피교육자가 적극 참여하는 쌍방향 대화식 교육방식이 필요하다. 2002년 월드컵을 통해 세계가 놀란 것은 한국국민들의 자발적 참여와 국민들 스스로가 이끌어가는 응원문화였다. 거기에다가 국민들 가슴속에 각인 시킨 국가대표 선수들의 창의력 있는 경기운영이었다. 결국 선수들의 경기력과 응원단의 쌍방향 교류가 세계를 감동시켰다. 미래의 네트워크 비즈니스의 성공여부도 디지털기술을 활용한 친밀감을 심어주는 교육방식에 달려있다.

친밀감을 갖게 하는 쌍방향 대화식 교육방법은 상대가 필요로 하는 것과 상대의 수준에 맞추는 맞춤교육이 적격이다. 앞서가는 대학은 주문식 맞춤교육으로 졸업 후 취업걱정 없이 100% 채용되는 교육시스템으로 운영한다. 일본 IT업체들은 국내에 있는 정보통신학부나 컴퓨터정보계열 대학에 '취업 확정형 기업주문식 교육협약'을 통해 인재들을 조달받고 있다. 대학에서 배우는 것들이 기업에서 원하는 실제적인 업무에 관련된 맞춤교육이기 때문에 졸업생들은 취업하자마자 경력 사원처럼 실무에 투입할 수 있기 때문에 일거양득인 셈이다. 이처럼 미래사회의 교육은 무용지식을 습득하려고 시간과 비용을 소비하는 어리석음보다는 실무중심의 교육을 적시적소에서 조달받는 것이 필요하다.

그러므로 네트워크 비즈니스 교육환경 또한 시스템 스케줄에 의한 획일화된 교육보다는 맞춤교육이 바람직하다. 쓰레기가 된 과거의 지식에 매달리기보단 빠른 속도로 변하는 새로운 지식과 정보를 얻기 위해서 독서회를 연다든지 미리 어떤 주제를 던져주고 질문과 대답이 오가는 대화의 시간을 통해 새롭고 쓸모 있는 지식을 창출하는 교육환경이 필요하다. 이렇게 될 때 네트워크 비즈니스 시스템의 최적화를 이룰 수 있다. 이와 같은 세련된 지식정보 교육시스템이 디지털 기술로 전달될 때 네트워크 비즈니스의 u-프로슈머의 파워는 사회에 지대한 영향력을 끼치게 될 것이다.

u-프로슈머가 새로운 정보와 시식으로 무장한 다음 곧바로 눈을 돌려야 할 것이 바로 마케팅을 펼쳐야 할 고객이다. 요즈음 기

업에서 전문경영인 CEO(Chief Executive Officer)뿐만 아니라 고객관리와 고객만족을 책임지는 고객경영인 CCO(Chief Customer Officer, 고객담당 최고책임자)을 더욱 필요로 하는 것처럼, 네트워크 비즈니스 영역에서도 글로벌 네트워크를 구축하고 새로운 서비스를 찾는 고객관리전문가가 필요하다.

아마존이 미국의 도서유통시장을 석권할 수 있었던 비결 중 하나는 고객관리능력이 탁월했다는 점이다. 아마존에서 운영하는 인터넷 사이트를 통해 도서를 구입할 때, 만약 고객이 동일한 책을 이미 구입한 적이 있으면 그 사실을 통보해서 고객의 지갑을 챙겨준다. 불필요한 소비를 친절하게 막아준 아마존에 대한 신뢰도는 높아져서 고객들은 자연스럽게 아마존 마니아가 된다. 아마존처럼 고객을 잘 관리하려면 고객관리능력이 있어야 하는데, 경영분야에서는 이를 '고객관계관리(CRM, Customer Relation Management)'라고 한다.

히딩크 감독이 2002년 월드컵을 성공리에 마치고 에인트호벤으로 돌아갔을 때, 그곳에서 그는 가구나 자동차 등 생활용품 업체로부터 판촉정보를 받았을 것이다. 누군가 히딩크의 소비성향과 취향을 잘 파악하고 있는 자료를 확보하고 있었다면 이를 원하는 업체들에 정보를 넘겨 마케팅을 할 수 있도록 했을 것이다. 이처럼 유럽에는 개인정보를 수집 관리하는 회사들이 누군가 이사를 하면 그 지역에 있는 업체에 정보를 넘겨 판촉을 돕도록 하는 시스템이 잘 운영되고 있다. 낯선 곳에 이사한 사람은 빠른 시간 안에 자신이 필요로 하는 상품을 파는 곳을 안내받을 수 있기에 새로운 생활권에 쉽게 적응할 수 있다.

유럽공동체에서는 개인의 인종, 정치적 견해, 건강 관련, 성생활 관련, 종교 및 철학적 신념 등과 같은 것들에 대해서는 민감한 개인정보로 지정해서 보호해주고, 이름이나 전화번호, 주소, 이메일, 팩스번호 등은 일반적인 정보로 구분해서 기업에서 활용할 수 있도록 하고 있다. 그렇지만 혹여나 개인이 사전 동의를 하지 않으면 일반기업이 광고나 홍보를 하지 않도록 철저히 차단한다. 개인의 거부의사를 확실하게 존중해주는 모습이다. 유럽 대부분의 나라들은 광고나 판촉물 받기를 거부하는 사람들의 이름을 모은 '로빈슨 리스트'를 만들어서 이들에게는 광고물을 보내지 않도록 업계에서 자율적으로 규제하고 있다. 개인정보는 동전의 양면 같아서 보호와 활용 두 가지 측면에 잘 균형을 잡아 경영한다면 편리하고 아름다운 서비스문화를 만들 수 있다. 네트워크 비즈니스의 시작이 인맥형성이라면 네트워크 비즈니스의 종착지는 인맥관리다. 인맥구축의 목적은 인맥경영에 있다. 고객관계관리(CRM)란 끊임없이 변하는 고객정보의 모든 자료를 모아 데이터베이스화하여 분석하고 고객의 요구를 정확히 파악해 이를 근거로 만족할만한 가치를 제공하는 것이다. 미래는 '누가 좋은 상품을 생산해내느냐' 보다 '누가 얼마나 유용한 개인정보 데이터베이스를 구축해서 잘 경영하느냐'에 성패가 달려있다.

신데렐라를 꿈꾸는 수많은 여인들의 가슴에 기억되는 영화, '귀여운 여인'에서 여주인공 줄리아 로버츠가 길거리 여성이라는 점을 알고도 그 여주인공과 만나는 호텔의 귀빈인 남자 주인공 리처드 기어를 위해서 여주인공에게 섬세한 배려를 아끼지 않는 호텔 지배인의 매너가 돋보였던 영화다. 고급 옷가게에서 망신을 당하고 온 여주인공을 위로하고 용기를 내서 마음에 드는 옷을 구입할 수 있도록 모든 조치를 취하는 지배인의 매너가 바로 CRM 마케팅의 정신이다. 용기를 낸 여주인공이 'Pretty Woman' 배경음악과 함께 근사한 옷을 차려입고 한껏 뽐내면서 거리를 활보하는 장면이 그 영화의 전환점이 된다. 고객이 필요로 하는 것을 제 때에 제공하는 것 즉 고객을 VIP로 모시는 것이 바로 CRM 마케팅의 철학이다. 유비쿼터스 시대의 디지털 기술은 CRM 마케팅을 효과적으로 지원하는 각종 디지털기기들과 기술들이 쏟아져 나올 것이다. 그러므로 유비쿼터스 시대의 u-프로슈머는 디지털 기술을 기반으로 휴먼 네트워크를 형성하여 인맥을 잘 관리해야 한다. 인맥에 접촉해서 관리하는 일은 만만치 않은 일이다. 이런 일들이 고단하고 쉽지 않은 일이더라도 전문성을 갖춘 사람만이 21세기 유비쿼터스 시대의 네트워크 비즈니스 세계를 이끌게 될 것이다.

소프트 파워 마인드로의 전환

농업사회에선 남녀의 성별에 따라서 생산 활동의 역할이 달랐다. 힘이 센 남자는 들이나 밭을 개간하여 쓸모 있도록 농토를 넓히고 농산물을 생산하는 일에 주력했고, 힘이 약한 여자는 남자를 도와 농사짓는 일에 일정한 시간을 할애하거나 집안일과 아이를 생산하고 기르는 일에 주력했다. 반면에 산업사회에서는 성별에 따르기보다는 기능에 따라서 직업을 선택하여 제품을 대량생산하는 일에 종사했다. 그리고 현대사회에 와서는 지식을 기반으로 하는 전문화된 사회인만큼, 획일화된 대량생산보다는 다양성과 맞춤서비스 마인드로 재무장해야 한다. 앨빈 토플러는 미래사회가 디지털 문화와 무서운 변화의 속도 그리고 지식의 창출 등 3요소를 기반으로 하는 프로슈머 시대라 보고, 유익한 지식을 제공할 줄 아는 서버(Sever)가 될 때 부가 창출될 수 있다고 주장한다. 우선 지식을 창출하는 서버가 되기 위해선 산업사회 문화의 딱딱한 하드웨어보다는 유연한 소프트웨어 마인드를 갖춘 소프트 파워를 지녀야 한다.

인류역사는 겉으로 보기에는 국가 조직력이나 단체의 힘인 하드파워가 이끌어온 것처럼 보이나, 그 내면에는 언제나 개개인의 소프트 파워가 커다란 영향력을 끼쳤다. 특히 21세기는 단단해 보이는 남성적인 조직력보다는 어떤 환경에도 굴하지 않고 유연하게 대처해 나갈 수 있는 여성적인 소프트 파워의 영향력이 더 크게 작용할 것이다. 실력 있는 개인의 유연한 파워가 모든 일의 운명을 좌우할 수도 있다. 미래사회는 이런 소프트 파워를 준비해야 한다.

얼마 전 역사왜곡 파문을 불어 일으킨 소설 '요코 이야기'는 일제 강점기 일본인을 피해자로 묘사한 미국에 거주하는 일본작가의 글이다. 미국에서 13년 전 중학과정 필독서로 선정되었는데, 한국남성이 일본여성을 성폭행하는 장면 등 한국인에 대한 부정적인 묘사 문제로 미국 한인사회에서 교재 채택 반대운동이 일어났고, 국내신문사들은 1면 톱기사로 이런 상황을 상세히 다뤘다. 무엇이 한국사회와 재미교포 사회를 이처럼 벌집을 쑤셔놓은 것처럼 떠들썩하게 만들었는가? 다름 아닌 소프트 파워다.

현대사회는 총칼을 사용한 무력충돌이나 경제 제재와 같은 하드파워로 전쟁하기보다는 문화를 이용한 소프트 파워로 전쟁을 치러낸다. 이를 반영하듯 프랑스, 독일, 스페인 등 유럽 국가들은 한발 앞서 소프트 파워의 중요성을 깨닫고 문화수출에 박차를 가하고 있고, 한국, 중국, 일본, 인도 등 아시아 4개국은 세종학당, 공자학원, 일본어센터, 간디 아카데미 등을 세워 문화브랜드 수출에 주력하고 있다.

소프트 파워를 쉽게 설명하자면 한류(韓流)가 그 좋은 예다. 할리우드라는 미국 영화산업도 어마어마한 규모로 투자한 하드웨어 시스템이 스타를 만들어내는 시대가 아니라, 한 명의 스타가 할리우드라는 영화산업의 판도를 바꿔버리는 세상이 되었다. 얼마 전까지만 해도 반한 감정이 팽배했던 일본인들 사이에 한국을 좋아하게 만들고, 일본사회에서 신분을 감추고 숨어 지내던 한국교포들이 커밍아웃을 하고, 한국인들에 대해 친근감을 불러일으키는 한류열풍을 주도한 것은 군사력과 경제력을 갖춘 한국이라는 하드웨어가 아니라 소프트웨어인 몇몇 드라마 스타의 역할이 컸다. 그중 하나가 바로 일본열도를 강타한 한 편의 드라마 '겨울연가'다.

음악이나 영화와 같은 문화에 대한 진한 감동으로 한 사람 한 사람 자연발생적으로 결집된 조직과 힘이 바로 소프트 파워다. 소프트 파워란 클레오파트라의 우아한 유람선이 안토니우스의 경직된 군함을 제압한 것과 같은 힘이다. 한국군에 총을 겨눴지만 이제 한국산 TV로 한국 드라마 '대장금'을 봤다는 베트남전쟁 월맹군 지휘관이었던 쩐의 고백이나 북한사회에서 유행하고 있는 영화 '친절한 금자씨'의 대사 '너나 잘하세요.'는 이념을 뛰어넘는 소프트 파워의 결과다.

소프트가 하드를 이끈다. 마거릿 대처는 외환위기에 빠져있던 1979년에 영국총리에 취임하면서 "디자인하라. 아니면 사직하라.

Design, or resign"라며 영국 산업을 개혁해서 비약적으로 성장시켰다. 자국 제품의 표기를 '메이드 인 덴마크' 대신 '디자인 바이 덴마크'로 바꾼 덴마크처럼 앞으로는 우리도 '메이드 인 코리아'가 아닌 '디자인 바이 코리아 Design by Korea'로 표기할 날이 올지 모른다. 이처럼 미래사회는 개인이 시스템에 속해서 그 구조에 이끌리는 하드 파워 시대가 아니라, 경쟁력 있는 개인에서 나오는 소프트의 파워가 그가 속한 시스템을 이끄는 시대가 펼쳐진다. 그러므로 네트워크 비즈니스 세계에서도 전문적인 실력과 안목 그리고 자신감이 넘치는 소프트 파워로 비즈니스 영역에 기운을 불어넣어야 한다.

본래 소프트 파워라는 말의 시작은 1990년대 초 하버드대 조셉 나이 교수가 21세기 정보화시대에서 세계정치는 군사력이나 경제력 같은 하드 파워 못지않게 문화, 가치, 정책 같은 소프트 파워가 절실하게 필요하며 21세기 미국의 성공여부는 하드 파워와 소프트 파워의 균형을 이룰 줄 아는 스마트 파워에 달려 있다고 주장한데서 비롯했다.

정치영역뿐만 아니라 하드 파워의 약점을 보완하는 소프트 파워의 역할이 모든 영역에서 더욱 커져가는 21세기 사회에서 마땅히 네트워크 비즈니스 영역 또한 짚고 넘어가야 할 대목이다. 네트워크 비즈니스에서 회원들의 네트워크 구축은 일종의 하드 파워다. 네트워크 구축에 일조하는 네트워크 회사의 상품 또한 하드 파워에 속한다. 그런데 네트워크 시스템은 표면적으로 들어나는 하드 파워가 이끌어 가는 것이 아니라 그 시스템 안에서 리더십을 발휘하면서 교육프로그램과 커뮤니케이션과 멘토링과 같은 소프트 파워가 제대로 발휘될 때 그 네트워크는 성장하고 발전해 나갈 수 있다.

네트워크 시스템은 기계적인 조직이기보다는 생물 유기체에 가깝다. 좋은 환경을 만들어주고 용기를 주고 감성을 터치하는 하이터치가 일어날 때 네트워크 조직은 성장한다. 회사의 수익배당이나 각종 보너스 때문만이 아니라 함께 만나면 마냥 유쾌하고 함께 일하면 즐겁기 만한 공동체의 정감이 바탕이 되기 때문에 네트워크는 커져만 간다. 영양공급을 잘 받은 세포가 건강하며 계속해서 세포분열을 통해 그 조직체의 생명을 유지해 나가듯이, 서로에게 용기와 사랑과 믿음과 격려를 공급하는 조직이 건강한 네트워크로 발전한다. 건강한 네트워크를 구축하는 소프트 파워의 기술이 몇 가지가 있는데, 마음의 벽을 허물고 공동체 의식을 갖도록 하는 것이다. 즉 소프트 파워는 상대적이다.

- 상대방을 나보다 귀하게 생각한다.
- 상대에게 권고하기보다는 자신의 본을 보인다.
- 상대도 공감할 수 있는 스토리로 대화한다.
- 상대를 스토리의 주인공으로 삼아 스토리텔링 한다.
- 영광의 스토리는 상대에게, 실수의 스토리는 자신에게 돌린다.

컨버전스 시대에 걸 맞는 친문화적 접근

새로운 것들이 모두 미미하게 시작된다. 뉴턴의 만유인력 원리는 떨어지는 작은 사과 하나에서 시작했다. 나이키 회사의 설립자인 '필 나이트'도 자신의 주방에서 와플아이언을 만드는 일부터 시작하였다. 미미하게 시작하는 새로운 것들에 대한 부정적인 도전이나 안티는 늘 있어왔다. 그러나 시간이 지나면서 새로운 것들이 친문화적인 역할과 기능을 다할 때 사람들은 더 이상 새로운 것을 배척하지 않고 이방인 취급하지 않고 받아들여진다.

네트워크 비즈니스도 마찬가지다. 과거 네트워크 비즈니스가 기존 마케팅에 비해 그 규모가 작을 때 많은 도전과 거센 반발에 부닥치면서 사회로부터 이방인 취급을 받아왔다. 지금도 과거에 비할 만큼은 아니지만 네트워크 비즈니스에 대해 부정적인 견해를 갖고 있다는 점을 부인할 수는 없다. 게다가 네트워크 비즈니스에 대한 작고 큰 스캔들이나 딜레마 때문에 안티들의 공격이 만만치 않은 점을 부인할 수 없다. 친문화적이지 못해 발생하는 사회의 지탄을 돈의 논리로 풀려고만 했던 일부 네트워크 마케터들의 "돈만 많이 벌면 됐지."라는 사고방식은 지혜롭지 못한 처사다. 문화는 그동안 널리 사람들에게 통용되어 온 관습과도 같은 것이다.

네트워크 비즈니스는 그동안의 마케팅방식의 틀을 혁신적으로 바꾸어놓은 것이기 때문에, 기존 비즈니스의 시각으로서는 받아들이기 힘든 문화적 충격을 받았을 것이라는 점을 감안해야한다. 문화적 충격으로 인해 아직도 네트워크 비즈니스에 대해 일부가 경계심을 풀지 않고 있다는 현실을 직시해야한다. 이런 장벽들을 극복하고 저변확대를 위해서 네트워크 비즈니스는 문화와 친밀한 관계를 가져야 한다. 그렇다고 네트워크 비즈니스가 지닌 고

유색깔을 희석시키라는 말은 아니다. 자신의 색깔을 분명히 하면서도 경계심을 늦추지 않는 사람들의 문화에 스며들 수 있는 자세를 취하라는 말이다. "유아독존! 오직 네트워크 비즈니스만이 살 길이다."라는 식으로 깊은 골을 파는 '스스로 왕따'가 되는 어리석음은 피해야하지 않겠는가?

지금 세계는 피할 수 없는 거대한 변화, 컨버전스(융합) 문화로 흐르고 있다. 컨버전스(Convergence)의 사전적 의미는 '한 곳으로 모인다.'라는 뜻으로써 경계선이 없어지고 새로운 형태의 결합이 이뤄진다는 말이다. 인터넷 TV(IPTV), 휴대폰 안에 디지털 카메라와 MP3 그리고 무선 인터넷이 결합, 대학 캠퍼스 안에 각종 편의시설과 금융시설, 복합 상영관, 은행업무와 보험업무가 결합한 방카슈랑스, 동서양의 결합인 퓨전요리, 동양의학과 서양의학의 융합 등 컨버전스는 전 사회분야에 걸쳐 일어나고 있다.

심지어 청교도 목사양성기관으로 세워진 1636년 개교한 세계 제일의 대학 하버드도 30년 만에 교과개편에 들어갔는데, 미국중심의 편협한 사고와 부분늘을 극복히기 위해서 세계 여러 나라의 사회와 종교, 문화를 가르치기로 했다. 이런 모습은 2001년 9.11

테러 이후 미국사회는 미국의 입장에서 세계를 관찰하기보다는 세계의 다른 나라들의 입장과 관점에서도 미국사회를 살펴봐야만 타문화를 포용하는 진정한 국제 감각의 인재를 양성할 수 있다고 판단한 것이다. 네트워크 비즈니스 영역에서도 마찬가지다. 앞으로는 다양성을 끌어안을 수 있는 아량과 퍼스널 브랜드 파워를 지닌 전문가 중심으로 지각변동이 일어날 것이다. 새로운 패러다임인 컨버전스 문화는 불필요한 경계심을 없애고 서로 융합하여 친문화적인 새로운 가치를 창출하는 것이다.

1945년 미국사회에서 본격적으로 태동한 네트워크 비즈니스가 35년간 미국정부의 규제와 단속 가운데 친문화적이지 못하고 이방인 취급을 받는 인고의 세월을 보내고, 1990년대 초부터 전 세계에 네트워크 비즈니스를 수출하는 위업을 달성했다. 반면에 1990년부터 시작된 한국사회에서의 네트워크 비즈니스의 역사는 그렇게 길지만은 않다. 바꿔 말하면 친문화적이지 못한 면이 많다는 점이다. 그만큼 사회적 오해로 인해 손해를 보는 경우도 많았지만 반대로 반기지 않는 사회로부터 스스로 고립을 좌초한 경향도 많았다. 미국에 비해 한국 네트워크 비즈니스 역사가 길지만은 않지만 건장한 청년나이가 된 만큼 자기방어가 강한 유아기적 태도와 마인드에서 벗어나 친사회적, 친문화적인 성숙한 모습을 보일 때가 됐다고 본다.

세상은 이제 다양한 문화, 다양한 기술, 다양한 상품에 대해 포용할만한 컨버전스 마인드가 준비됐다. 또한 기존 마케팅과는 다른 네트워크 비즈니스 문화에 대해서도 이해하고 접근하고자 하는 어느 정도의 자세가 갖춰졌다. 이런 때일수록 다른 마케팅 방법에 대한 적개심을 풀고 스스로 독립선언문을 낭독하듯 네트워크 비즈니스 정신세계만을 강조하느라 진땀을 흘리지 말고, 자연스럽게 다양한 마케팅 방법 중에 하나로써의 네트워크 비즈니스를 소개하는 친문화적인 자세를 가져야 한다.

단기간에 일확천금을 얻는다는 식의 극단적 접근방식이나 통장을 보여주면서 신경말초를 자극하는 원시적 방법은 이제 휴지통에 던져버리자. 메이저 리그에서 활약하는 류현진 선수처럼 선의의 경쟁력으로 타선수와 비교우위를 보여주는 것처럼, 네트워크 비즈니스가 갖고 있는 비교우위의 강점을 부각시키면서 타 마케팅을 존중해주는 여유가 필요하다.

옛날 한 마을에 김 부자가 살았다. 그 마을 남자들은 대다수 부자의 논과 밭에서 일했고 여자들 역시 부자 집안일을 도와 생계를 꾸려나갔다. 김 부자는 덕망이 높지 않았지만 몰상식한 사람은 아니었다. 그런데 어느 날 마을 사람들이 자신을 욕하고 다닌다는 사실을 알게 되었다. 사람을 차별대우한다는 것이었다. 손재주가 남다른 백씨와 안씨에게 일자리를 좀 더 준 것이 화근이었다. 그래도 김 부자는 성실함과 기술이 뛰어난 사람이 더 많은 이익을 챙겨가야 한다는 원칙에 대해 양보할 생각이 없었다.

김 부자는 시간이 지나면 자연스럽게 사람들의 불만이 사라질 줄 알았다. 하지만 시간이 흐를수록 상황은 악화돼서 악성 루머가 꼬리에 꼬리를 물고 김 부자를 더욱 괴롭혔다. 김 부자는 마음이 크게 상해서 잠 못 이루는 밤이 많았다. 고민 끝에 그는 일하는 사람을 절반으로 감축하고 농사도 절반으로 줄였다. 심지어 저잣거리나 주막에 들려 물건을 사주거나 술을 마시는 것도 삼갔다. 대신에 다른 마을로 구경을 다녔고 그 길에 필요한 물건도 구입했다. 그래도 먹고사는데 전혀 지장이 없던 김 부자는 그런 대로 살아 갈만 했다.

그런데 주막집이나 마을 상인들은 매상이 줄었다며 울상을 짓기 시작했고, 새경이 없어서 안절부절 못하는 일꾼들이 생겨났다. 김 부자를 궁지에 몰았더니 그가 아니라 마을 사람들이 타격을 받는 엉뚱한 사태가 발생한 것이다. 가진 자를 궁지에 몰았더니 가난의 부메랑이 되어서 돌아온 것이다. 사람들이 사는 세상은 옛날이나 지금이나 같은 이치다. 사람들은 더불어 살 수밖에 없는 존재다. 대체적으로 일반적인 경기가 좋아야 네트워크 비즈니스 경기도 좋아진다. 일반적인 경제가 얼어붙어 있는데 마치 네트워크 비즈니스 상황이 호기회를 얻은 양 떠벌리는 작태는 눈 감고 아웅 하는 식이다. 네트워크 비즈니스 영역에도 숲 전체를 보고 나무를 보는 안목이 필요하다. 홀로 독식하고 독존하는 비즈니스는 없다. 더불어 가는 친사회적이고 친문화적인 마인드가 절실하다.

네트워크 비즈니스 스토리텔링

미래의 네트워크 비즈니스는 사람들의 감성에 호소하는 아름다운 스토리가 있어야 한다. 디자인되고 이벤트가 있고 경계를 넘나드는 창의력이 돋보이고 가치를 부여하는 내용이 풍부한 하이컨셉(High Concept), 하이터치(High Touch)가 필요하다. 좌측 뇌를 자극시키는 마케팅 이론을 설명해서 어떤 방식으로 부를 창출할 것인가에 대해 치밀한 작전을 짜는 구닥다리 방식에서 벗어나, 삶의 의미를 부여하고 사람들의 마음을 움직이는 감성에 접근하는 친인간적, 친문화적 방식이 통하는 시대를 열어야 한다.

네트워크 비즈니스 초창기엔 신비하기까지 했던 네트워크 비즈니스의 이윤창출 원리를 잘 풀어줄 공식과 수학에 강한 이공계열의 마인드를 갖춘 사업가들이 승승장구했다면, 앞으로는 마케팅 원리에 의미와 가치를 부여해줄 인문계열의 마인드를 갖춘 사업가들을 극히 필요로 할 것이다. 마케팅에 이야기를 불어넣어 소비자의 감성을 깨워야 하는 스토리텔링 시대가 오고 있기 때문이다. 논리가 아닌 스토리를 통해 마케팅을 소개하고 사람들과 관계를 맺는 네트워크 스토리텔링이 미래를 열고 있다.

'스토리텔링(storytelling)'이란 단어는 이야기를 뜻하는 '스토리(story)'와 말하는 것을 의미하는 '텔링(telling)'을 조합한 단어로서, '이야기를 말하기' 즉 '이야기하기'란 의미를 갖고 있다. 쉽게 말해, 전해 듣는 이야기에 생명력을 불어넣어 '참여하는 이야기', '역할이 있는 이야기'를 뜻한다. 소꿉놀이를 생각해보자. 한 아이는 엄마 역을, 다른 한 아이는 아빠 역을 맡아 이야기줄거리를 짠다. 엄마 역을 맡은 아이는 밥을 짓고 아빠 역은 직장에 나갈 준비를 하며 대화를 나눈다. 두 아이는 놀이를 통해 각각의 역할에 참여하는 이야기 속의 주인공이 된다. 이것이 바로 스토리텔링이다.

앞으로는 갈수록 스토리텔링의 파워가 넘쳐날 것이다. 동서양을 불문하고 지속적으로 사랑받는 '이솝 이야기' 또한 미천하고 힘이 없는 약한 자의 편에 서서 힘 있는 자에게 우화를 통해 설득하는 이야기다. 인류역사상 최고의 베스트셀러인 성경 또한 이야기로 구성되어 있다. 특히 성경의 주인공 예수는 스토리텔링의 전문가였다. 한 예로, 예수는 기적의 스토리텔링을 사람들 앞에서 공연했다. 떡 다섯과 물고기 둘을 선택하여 사람들을 배불리 먹이는 시나리오를 만들고 이를 그대로 실행했다. 그리고 그 기적 때문에 몰려드는 청중들에게 몸의 떡보다 마음의 떡이 중요하다는 설교를 설파한다. 구체적인 생선과 떡으로 사람들을 감동시킨 극적인 스토리 전개를 통해 사람들은 큰 깨달음을 얻게 된다.

네트워크 비즈니스 세계에서도 갈수록 스토리텔링의 파워를 실감하게 될 것이다. 식품을 다루는 네트워크 회사를 한 예로 들어 보자. 그동안의 마케팅 방식이란 "비타민 성분이 어떻고, 미네랄 성분이 어떠해서 몸에 어떤 유익을 주니까 안 먹으면 손해를 본다."는 식이었다. 마치 식품영양학 강의실에 들어와 있는 느낌을 받게 된다. 이런 지식을 열심히 받아 적어서 소비자들을 찾아다니면서 정보를 알려주고 '믿고 먹어보라'며 제품을 전달하는 형태의 마케팅 방식이 주를 이뤘다. 그러나 미래사회에선 일방적인 지식전달을 강조하는 문화패턴을 거부한다. 실제로 소비자가 직접 참여하는 형태의 마케팅 전략이 필요한데, 소비자의 건강상태를 손수 진단할 수 있는 도구들을 활용해서 개개인의 필요에 맞는 맞춤형 구매를 이끌어내고 소비자가 주체가 되는 형태를 띠는 마케팅이 펼쳐져야 한다. 소비자 스스로 자신에 대한 스토리가 전개되는, 소비자의 감성 깊은 곳을 터치하는 하이터치, 하이컨셉이 네트워크 비즈니스의 새로운 시대를 이끌어가게 될 것이다.

스토리텔링의 가장 큰 특징은 넘치는 인간미다. 한 예로, 삼성 휴대폰 광고를 기억해 보라. 밥 짓는 연기가 모락모락 피어나는 시골 마을을 배경으로 하모니카 음악이 깔리고 애니메이션으로 엮어내는 스토리에는 정감이 넘치는 어머니의 그리움이 녹아있다. 도시냄새가 묻어나는 딱딱하고 경직된 '디지털' 용어를 시골 구수한 누룽지 냄새가 배어나는 '돼지털'로 바꾸면서 까지 인간의 정을 표출해내는 모습은 대청마루에 옹기종기 앉아 도시에 나간 자식과 휴대폰으로 정담을 나누면서 함박웃음으로 여운을 남긴다. 인간미가 없어 보이는 디지털 하이테크기술을 인간미 넘치는 하이터치로 연결하는 기술이 바로 스토리텔링이다.

네트워크 비즈니스는 풍성한 인간미로 이끌어 갈 수 있다. 코앞의 잔돈 때문에 사람을 잃는 각박한 성품은 튼튼한 네트워크를 구축할 수도 없고 유지할 수도 없다. 네트워크 비즈니스는 과학이요 수학이며 물리학이고 경제학이다. 그러므로 계산적이고 치밀하며 구조적이고 전략적이다. 이런 면에서 인간미를 기대하기란 쉽지 않다. 그럼에도 불구하고 인간미를 넘치게 해야 진정한 네트워크 비즈니스가 될 수 있다. 풍요로운 삶을 기대하는 스토리텔링으로 가족적인 신뢰성을 쌓아올려야 성공한다. 만나자마자 딱 잘라서 네트워크 비즈니스로 들이미는 인간미라고는 찾아볼 수 없는 풍경은 삭막한 현실의 무게만 더 할 뿐이다. 항상 미소를 잃지 않고 군림하지도 않으면서도 좋은 안내자가 되는 인간미를 키워야 한다. 비즈니스를 떠나서 다시 보고 싶은 소중한 휴머니즘이 넘치도록 해야 한다.

그 다음 스토리텔링의 특징은 미래를 여는 창조성이다. 희망적이고 새로운 아이디어로 현재 진행형으로 이끄는 비즈니스여야 한다. 구습에 따라서 융통성을 전혀 발휘하지 못해서 더 이상 앞으로 나가지 못하는 과거의 스토리에 머물러 있는 사업은 미래가 없다. 왕년에는 이 방법으로 통했으니까 왕년의 성공담에 귀 기울여서 이렇게 저렇게 해보라는 식의 전개방식은 구태의연하기 짝이 없을 뿐이다. 네트워크 비즈니스를 굳이 '스토리'가 아닌 '스토리텔링'이라고 했을까? 과거는 이미 지나간 것이고 미래를 향한 현재 진행형만이 진정한 비즈니스이기 때문이다. 왕년의 향수에 매달릴수록 성공에서 멀어질 뿐이다. 어제의 스토리보다 오늘의 스토리가 현장감이 넘쳐서 풍성한 창의성으로 끊임없는 현재진행적인 스토리텔링으로 성공을 말해야 한다.

미국의 백년 기업인 발명왕 에디슨이 세운 제너럴 일렉트릭(GE)는 잭 웰치의 성공시대를 마감하고 이 시대에 필요한 새로운 리더 제프리 이멜트가 2001년부터 강력하게 이끌고 있다. GE는 그동안의 수많은 성공신화에 만족하거나 머물지 않고 계속해서 세계 1등을 지속하기 위해서 성공 창의적인 스토리텔링으로 이끌고 있다. 잭 웰치가 이끌던 1980-90년대 경영 스토리는 대형업체가 시장을 장악하고, 주주가 왕이고, 직원은 우수한 인재여야 하고, 카리스마 넘치는 CEO이어야 했지만, 새로운 CEO 제프리 이멜트가 이끄는 경영 스토리텔링은 너무 큰 업체가 아닌 민첩한 업체여야 하고, 고객이 왕이고, 직원은 열정적인 사람이어야 하고, 용기가 넘치는 CEO이어야 한다는 점이다. 그 시대가 요구하는 창의적인 변화는 지속적인 성공을 약속한다.

네트워크 비즈니스 또한 현재 진행형의 창의적인 성공 스토리텔링으로 무장해야 한다. 전설적인 자동차 왕 헨리 포드가 처음 개발한 전통적인 모델만을 고집하다가 독일과 일본에 자동차 시장을 잠식당한 것처럼 창의적이지 못한 것은 뒤로 밀려나기 마련이다. 포드는 폭 넓은 시각과 탁월한 비전과 창조력을 가진 사람이었지만, 안타깝게 스스로의 능력에 도취되어 자신의 비전의 노예가 되고 말았다. 많은 주의의 권유에도 불구하고 그는 모델 T 외엔 그 어떤 새로운 모델의 자동차도 만들지 않았다. 근 20년 동안 포드는 자동차 색깔도 검은 색으로 고집하였고 심지어 회사

기술자들이 포드 몰래 새로운 자동차를 만들어서 보여주자 손수 망치를 들고 달려들어 차를 때려 부쉈을 정도다. 포드는 참신한 아이디어를 가지고 기존 사고방식과 다른 것을 내놓는 것을 용납하지 않았다. 이렇게 해서 전설적인 인물 포드의 신화는 점점 하향세로 치닫고 결국 후발주자인 GM에 밀려 났고 계속해서 일본 차, 독일차, 스웨덴 차에 밀리게 되었다. 세상에서 가장 이기적인 일은 이유를 막론하고 기존의 전통을 고집하고 왕년의 신화에 사로잡혀 한 발자국도 앞으로 나가지 못하는 것이다.

세 번째 스토리텔링의 특징은 현장감 넘치는 이벤트다. 네트워크 비즈니스는 현장감 있는 공간을 활용해야 한다. 왜 수많은 젊은이들이 SNS와 같은 정보 공유에 몰려들고 있는가? 늘 새로운 소식과 빅뉴스로 현장감 넘치는 사이버 공간에서 디지털 공동체와 연결할 수 있기 때문이다. 서로 각종 정보와 사건을 공유하는 젊은이들의 심리에는 현장감 넘치는 이벤트를 추구하는 욕구가 넘친다.

네트워크 비즈니스도 이벤트 현장이 이뤄지는 스토리텔링으로 다가서야 한다. 매달 성과달성으로 수익을 창출하는 현장의 성공

스토리가 넘쳐나야 하고, 성공 이벤트로 사람들의 감격을 이끌어 내야 한다. 그러기 위해서는 성공이 하늘의 별따기와 같아서는 안 된다. 너무나 오랜 시간이 걸려서 성공을 이야기해서도 안 된다. 앞선 성공자의 스토리텔링을 보고 자신에게도 곧 다가올 성공의 이벤트 스토리를 쉽게 마음속으로 그릴 수 있어야 한다. 그렇다고 네트워크 구축을 위해서 성공을 위장하라는 말이 아니다. 성공이 포장되거나 과장된 허위 스토리가 아니라 소박하지만 진솔한 스토리텔링이어야 한다. 때로는 완벽하지 않은 인간이기에 어려웠던 순간순간들이나 때로는 포기하고 싶어서 일탈했던 갈등현장의 경험들이 묻어나는 진솔한 스토리텔링으로 성공을 말해야 한다.

스토리는 본래 시작과 끝이 있다. 스토리가 시작됐으면 해피엔딩이든 아니든 그 스토리는 종료된다. 스토리를 듣는 청중은 구경꾼일 뿐이다. 그렇지만 스토리텔링은 참여하는 스토리요 역할이 있는 스토리다. 스토리 내용과 내가 무관한 것이 아니라 나의 이야기요 내가 주인공인 이야기다. 역할이 크든지 적든지 중요한 것이 아니라 나의 이야기가 그곳에 들어있기 때문에 소중하게 느낄 수 있는 것이 바로 스토리텔링이다. 산업시대를 이끈 대기업의 영웅들의 스토리는 나의 성공과는 너무 나 먼 거리에 서 있다. 그러나 정보 지식사회의 네트워크 비즈니스에서의 성공 스토리는 현장감 있게 가까이 다가와 피부에 와 닿을 수 있는 거리에 서 있다. 몰아쉬는 숨소리를 느끼고 박동치는 심장소리를 들을 수 있는 아주 밀접한 간격을 두고 스토리를 내품는다. 42.195킬로미터를 달려 그리스의 승전보를 알리려고 전력 질주하는 병사의 거친 숨소리와 심장에서 뿜어내는 열기가 바로 전달될 수 있는 스토리텔링으로 성공을 말해야 한다.

나가는 말

진실보다 막강한 파워는 없다. 발 없는 말이 천리를 간다고 했듯이 진솔한 이야기보다 멀리 퍼져나가는 것이 많지는 않다. 그러므로 진실을 담은 스토리는 사람들에게 영향력을 끼치고 오랫동안 사람들의 가슴에 남는다. 사람들은 신기루를 원하지 않는다. 얼마 지나지 않으면 허상임을 깨닫게 될 것이기 때문이다.

네트워크 비즈니스의 허상을 벗기고 실상을 찾는 일이 진정으로 네트워크 비즈니스를 아끼고 사랑하는 사람의 사명이라는 마음으로 네트워크 스토리텔링으로 성공을 말하기 전에 진실을 말하려고 땀을 흘렸다. 현재의 네트워크 비즈니스가 사랑하는 사람들에게 대물림 해줄만한 유산인가를 검토하는 심정으로 스캔들로 딜레마로 패러독스로 오가며 탐구했다. 게다가 미래학자 앨빈 토플러의 프로슈머를 네트워크 비즈니스의 철학으로 삼는 배경을 조사하며 금맥을 찾듯이 그 가치를 캐보았다.

네트워크 비즈니스 세계에 메시지를 던지는 수많은 경제나 경영 전문가들의 강연과 네트워크 비즈니스를 펼치는 사업가들의 특강을 청취하고 그들의 책을 읽었을 뿐만 아니라 실제로 현장에서 네트워크 비즈니스를 펼치면서 터득한 경험들을 바탕으로 진솔한 이야기들을 담아보려고 노력했다. 때로는 일으켜 세우기도 하고 때로는 넘어뜨리기도 하는 사람들의 얽히고설킨 소리가 파장을 일으키고 스쳐지나가는 순간들을 놓치지 않고 담아보려고 애를 써보았다.

아프리카 속담에 이런 말이 있다. "빨리 가고 싶으면 혼자 가라. 하지만 오래 가고 싶거든 함께 가라." 함께 가기 위해선 서로 속도를 맞춰야 한다. 때론 양보해야 한다. 때론 져줘야 한다. 이것이 더불어 사는 지혜요 비결이다. 복닥거리며 함께 산다는 것이 너무나 평범한 것처럼 보이지만 참으로 위대한 것이다.

이처럼 가족애의 스토리텔링을 비즈니스 세상에서도 펼쳐 보일 수 있다면 얼마나 행복할까? 과욕일까? 네트워크 비즈니스에서는 가능하지 않을까? 더불어 사는 비즈니스가 궁극적으로 추구하는 네트워크 비즈니스가 아닐까?

진실에 대한 짧은 시(詩)

진실은 언제나

보여 지는 모습의 그림자 속에

쓰라린 가슴을 움켜쥔 채

가쁜 숨을 헐떡이며

영원히 살고 있다.

湖水 신 정 호